ZUR SACHE! 2

Published by
C J FALLON
Lucan Road Palmerstown Dublin 20

First Edition

©

James Hayes
1992

Revised Edition August 1997
This Reprint July 1998

Printed in Ireland by
Colour Books Ltd.
105 Baldoyle Industrial Estate, Baldoyle, Dublin 13.

INTRODUCTION

This revised and enlarged edition of *Zur Sache 2* provides an extensive range of suitable exercises in all sections of the Junior Certificate Syllabus and includes material from previous examinations in the Reading Comprehension, Letters and Notes/Postcards sections.

The Letters section has been completely redrafted to make the letters more like those in the Junior Certificate Examination. The Letters are now written completely in German and where possible a sense of continuity is introduced to give a natural sequence.

The reformed spelling system has been used throughout in order to enable pupils to get used to it. However, there is a transition period during which both forms of spelling are acceptable, so even if students do make a mistake they need have no worries about losing marks.

Used together with *Muster 2* and *Hörschatz I* this book will ensure optimum preparation for the Junior Certificate Examination.

Viel Erfolg!

GUIDELINES

Reading Comprehension

Section A Signs and Notices 7
Beware of entries which sound like English words, e.g. "Meat" and "Miete".

Section B Advertisements 23
Read the entire advertisement and do not be distracted by illustrations and headings.

Section C Longer Advertisements 43
As in Section B, read the entire advertisement or notice. Do not be put off by unfamiliar vocabulary: you will normally find that it is not required to answer the questions. Always remember to read the questions first.

Section D School Language 55
Be particularly aware of the instruction given. This will determine whether the "du", "ihr" or "Sie" form of the verb is appropriate. The reference letter of the correct answer should be written in the answer box.

Section E Short Advertisements and Notices 69
The questions on this section are straightforward so just be careful that you insert the answer in the proper place on the grid. Note that in some instances it is not necessary to fill in all boxes on the grid.

Sections F and G Journalistic, Literary and Semi-Literary Passages 89
Always read the questions first to orientate yourself! Do not be put off by unfamiliar vocabulary as you will nearly always find that it is not required in your answer. Beware of the use of "nicht" or "kein" in sentences. Always provide as full an answer as possible and avoid giving general answers; detail is required (e.g. "They went to France" as compared to "They spent two weeks travelling along the French coast").

Text of Examination Papers 1985-1997 129

A — SIGNS AND NOTICES

Read the information carefully and then select the correct word(s) in each case.

1. You want to buy a cake. Which of the following would you look out for?

   | SÜSSIGKEITEN | KÜCHEN | KONDITOREI | KEKSE |

2. You want to get a hair-cut. Which sign do you look for?

   | FRISEUR | HAARCREME | KOPFSALAT | SCHNEIDER |

3. You decide to visit the German parliament. What is it called?

   | BUNDESBAHN | BUNDESRAT | BUNDESREGIERUNG | BUNDESTAG |

4. You are looking for a newspaper. Which sign do you look for?

   | ZEITUNGSLADEN | PAPIERWAREN | PAPIERKORB | SCHREIBWAREN |

5. You are looking for a DIY shop. Which of the following is the correct one?

   | HAUSHALT | HEIMWERKERLADEN | SELBSTBEDIENUNG | WERKSTATT |

6. You want to buy a book. Which sign tells you you are at a book-shop?

   | BÜCHEREI | BUCHUNGEN | BUCHHANDLUNG | BIBLIOTHEK |

7. Your friend has gone to do some gymnastics. Where do you go to watch him/her?

   | GYMNASIUM | SPORTABTEILUNG | WERKSTATT | TURNHALLE |

8. You want to buy some meat. To which of the following would you go?

   | METZGEREI | SCHWEINESTALL | TIERLADEN | MIETWOHNUNG |

9. You want to bring a nice ring home with you. Which shop sign would you look out for?

   | GOLDHAMSTER | GELDWECHSEL | JUWELIER | EDELSTEINE |

7

10. Where would your family go for furniture if you were living in Germany?

| MÖBELGESCHÄFT | SITZUNG | LIEGESTUHL | MOLKEREI |

11. You would like a swim. Which sign would you look for?

| SCHWIMMUNTERRICHT | FREIBAD | STADTHALLE | WASSERSPORT |

12. You have a headache and want tablets. Where do you go?

| DROGERIE | APOTHEKE | KOPFSCHMERZEN | SANITÄRWAREN |

13. Where are you most likely to get fruit?

| FLEISCHEREI | PORZELLANLADEN |
| OBSTLADEN | GEMÜSEEINTOPF |

14. You want information about a town. Where do you go for it?

| VERKEHRSAMT | REISEBÜRO | STADTVERWALTUNG | STADTHALLE |

15. You are looking for the castle in a town. Which sign do you follow?

| SCHLUSSVERKAUF | SCHLOSS | SCHLOSSEREI | SCHLIESSFACH |

16. You want to buy a pair of shoes. Which sign do you look for?

| SCHUHGESCHÄFT | BOOTSFAHRTEN | FUSSLEISTE | LEDERWAREN |

17. You want a snack. Where do you eat?

| IMBISSKIOSK | ZEITUNGSKIOSK | WURSTTHEKE | FLEISCHEREI |

18. You want to buy a toy for a young brother or sister. Which sign do you look out for?

| SPIELBANK | SPIELWAREN | SPIELPLATZ | SPASSVOGEL |

19. Where would you be most likely to buy clothes?

| WÄSCHEREI | TABAKWARENGESCHÄFT |
| BEKLEIDUNGSGESCHÄFT | FLOHMARKT |

20. You want to do as much shopping as you can in the shortest possible time. Where do you go?

| KAUFHAUS | REFORMHAUS |

| GESCHENKARTIKELLADEN | GROSSHANDEL |

21. You want to visit the cathedral. Which building do you ask for?

| POSTAMT | DOM | KNEIPE | FERNSEHTURM |

22. Where do you get petrol?

| WIRTSCHAFT | TANKSTELLE | GARAGE | AUTOWERKSTATT |

23. You are looking for the tram-stop. Which sign do you look for?

| SCHNELLIMBISS | U-BAHN | S-BAHN | STRASSENBAHN |

24. You have money to change. Where do you go?

| WIRTSCHAFT | ZOLL | FABRIK | WECHSELSTUBE |

25. You want to go to a trade-fair. Which sign do you follow?

| KAPELLE | MÜNSTER | BURG | MESSEHALLE |

26. You are on an outing to the zoological gardens. Where do you find the monkeys?

| TIERGARTEN | TIERLADEN | HEIMATMUSEUM | GEFÄNGNIS |

27. Your passport has been lost. Where do you inquire if it has been handed in?

| FINDELKIND | FUNDBÜRO | PIZZERIA | KASERNE |

28. You are on your way to the airport. Which sign do you look for?

| HAFEN | FLUGHAFEN | FLUGREISEN | PLANETARIUM |

29. Your father wants to park his car safely. Where does he go?

| PARK | PARKHAUS | AUTOWERKSTATT | KASERNE |

9

30. You want to see the town hall. Which building do you ask for?

| RATHAUS | STADTHALLE | BURG | HALLENBAD |

31. Which sign tells you that you are on the right route to the old city?

| ALTSTADT | ALTERSHEIM | SCHLOSS | OPER |

32. You want to find a guest-house to stay the night. To which of the following do you direct your parents?

| GASTSTÄTTE | PENSION | GASTHOF | ATELIER |

33. You have a doctor's prescription. Where do you go to have it filled?

| KRANKENHAUS | KRANKENKASSE | DROGERIE | APOTHEKE |

34. Your pen-pal has an eight year old sister. Which school does she attend?

| GRUNDSCHULE | KINDERGARTEN | HAUPTSCHULE | REALSCHULE |

35. You want to buy flowers. Which sign do you look for?

| BLUMEN | ROSMARIN | ROSINEN | RASEN |

36. You have to go to the doctor. Where are you likely to find him?

| PRAXIS | AUSKUNFT | HOCHHAUS | REINIGUNG |

37. You are looking for the youth hostel. To which building do you ask for directions?

| JUGENDZENTRUM | JUGENDHERBERGE |
| JUGEND FORSCHT | GASTHOF |

38. At a train station you want information. Which sign do you look for?

| ANKUNFT | AUSKUNFT | ZUKUNFT | HAUPTPOSTAMT |

39. Which sign tells you that you are at the art gallery?

| SPARKASSE | GROSSHANDEL | KUNSTGALERIE | KINO |

40. You are looking for a gift shop to do some shopping. Where do you go?

    | EINKAUFSZENTRUM | | WEINKELLEREI |
    | GESCHENKARTIKELLADEN | | HALLENBAD |

41. A friend is in hospital. Where do you ask the taxi to drop you off?

    | KRANKENKASSE | | KRANKENHAUS |
    | KRANKENWAGEN | | KRANKENSCHEIN |

42. Your pen-pal's grandmother is in an old folks' home. You go to visit her. Where do you go?

    | PENSION | | ALTSTADT | | REINIGUNG | | ALTERSHEIM |

43. You are looking for a cauliflower. What sign do you look for?

    | BLUMENGESCHÄFT | | JAZZLOKAL |
    | BLUMENKOHL | | BLUMENSCHAU |

44. You have to bring a jacket to the cleaners. Which sign do you look for?

    | REINIGUNG | | FRISEUR | | WÄSCHE | | KLEIDUNG |

45. Which sign tells you there is a one-way street ahead?

    | EINBAHNSTRASSE | | EINORDNEN | | EINSTIEG | | EINFAHRT |

46. Which sign warns you that the roads are icy?

    | STRASSENGLÄTTE | | STEINSCHLAG |
    | EISDIELE | | GEFÄHRLICHE KURVE |

47. There is a detour ahead. Which sign tells you so?

    | BAHNÜBERGANG | | UMLEITUNG |
    | STRASSENARBEITEN | | BAUSTELLE |

48. Your parents want to know what "yield right of way" is in German. Which of the following is correct?

| GESCHWINDIGKEITSBEGRENZUNG | MOTOR ABSTELLEN |

| HALT! | VORFAHRT BEACHTEN! |

49. You want to hire a bicycle. Which sign do you look for?

| RADWEG | FAHRRÄDER ZU VERKAUFEN |

| RADFAHRER HIER ABSTEIGEN | FAHRRADVERLEIH |

50. Which sign tells a driver that there is no overtaking?

| DURCHFAHRT VERBOTEN | HUPEN VERBOTEN |

| ÜBERHOLEN VERBOTEN | KEIN DURCHGANGSVERKEHR |

51. At a train station you want to check the arrival times of trains. Which notice do you look up?

| AUSKUNFT | ABFAHRT | ZUSCHLAG | ANKUNFT |

52. You want to put a suitcase into a locker at the station. Which sign do you look for?

| SCHLIESSFÄCHER | ZU DEN GLEISEN |

| GEPÄCKAUFBEWAHRUNG | TREFFPUNKT |

53. You want to sit in a smoke-free carriage in a train. Which sign do you look for?

| NICHTRAUCHER | NOTBREMSE |

| NICHT HINAUSLEHNEN | NOTRUF |

54. Where do you go for your tickets?

| FAHRKARTEN | REISEBÜRO | AUSVERKAUF | EINFAHRT |

55. The toy section in a department store is on the lower ground floor. Which sign tells you so?

| TIEFPARTERRE | PARTERRE | ERDGESCHOSS | ERSTER STOCK |

56. How would you recognise a special offer?

| AUSVERKAUF | SELBSTBEDIENUNG |
| JEDER DIEBSTAHL WIRD ANGEZEIGT | SONDERANGEBOT |

57. On a train, in which carriage are meals served?

| LIEGEWAGEN | SCHLAFWAGEN | SPEISEWAGEN | LOKOMOTIVE |

58. If you were looking for refreshments, which sign would you look for?

| FRISCHKÄSE | ERFRISCHUNGEN | DUSCHFRISCH | FEINKOST |

59. You want to see what fashions are available for the summer. Which sign do you look for?

| SOMMERSCHLUSSVERKAUF | SOMMERREISEN |
| SOMMERMODE | SOMMERFERIEN |

60. Which sign tells you that there is self-service in operation?

| SELBSTBEDIENUNG | KUNDENDIENST |
| SONDERANGEBOT | ERSTE HILFE |

61. How would you recognise a dead-end?

| FUSSGÄNGERZONE | AUSFAHRT FREIHALTEN |
| ANLIEGER FREI | SACKGASSE |

62. Where do you need a parking disk?

| PARKEN AUF EIGENE GEFAHR | PARKEN NUR MIT PARKSCHEIBE |
| ENGPASS | MIETWAGEN |

63. You want to buy vegetables. Which sign do you look for?

    | OBST | GEBÜHREN | GEFAHR | GEMÜSE |

64. How do you know there is a step ahead?

    | NUR FÜR FUSSGÄNGER | ERSTE HILFE |
    | RUTSCHGEFAHR | ACHTUNG, STUFE! |

65. Which is the odd one out? Why?

    | BETRETEN VERBOTEN! | ZUTRITT VERBOTEN |
    | PRIVATGRUNDSTÜCK | BETRETEN AUF EIGENE GEFAHR |

66. Which would you set off in the event of a fire?

    | FEUERMELDER | FEUERWEHR |
    | FEUERZEUG | FEIERTAG |

67. How would you recognise the "Best before" date on an item?

    | HERSTELLUNGSDATUM: | INHALT: |
    | MINDESTENS HALTBAR BIS: | HIER AUFREISSEN! |

68. When out in the country beware of wild animals behaving strangely. They might have rabies. Which sign tells you that rabies is to be found in the area?

    | DRUCKSACHE | BITTE ANSTELLEN! |
    | HUNDE BITTE AN DER LEINE! | TOLLWUT! |

69. At which door would you knock?

    | BITTE KLOPFEN! | BITTE KLINGELN! |
    | BITTE LÄUTEN! | BITTE ZIEHEN! |

70. Your host family arranges to meet you at the local multi-storey car park. Where do you go?

PARKPLATZ AM MARKT   BEWACHTER PARKPLATZ
PARKANLAGE   PARKHAUS

71. You are out for a walk and have your eyes open for a sign telling you which path is suitable. Which sign gives you the information?

EINGANG   WANDERWEG   AUSGANG   KREUZUNG

72. At a vending machine which sign tells you where to insert your money?

EINWURF   MÜNZRÜCKGABE
EINTRITT   MÜNZSAMMLUNG

73. If you wanted to make a telephone call to Ireland or Britain, which sign would you look for?

FERNSPRECHER   INLANDSGESPRÄCHE
AUSLANDSGESPRÄCHE   FREMDENVERKEHRSAMT

74. Which word tells you if the toilet is engaged?

FREI   DRÜCKEN   BESETZT   ZIEHEN

75. Which sign tells you that there is danger at hand?

DUSCHEN   ANMELDUNG   EMPFANG   GEFAHR!

76. Which of the following signs applies to public holidays?

FEIERTAGS GESCHLOSSEN   NUR WERKTAGS GEÖFFNET
HEUTE RUHETAG   BETRIEBSFERIEN

77. Which sign tells you where the lift is?

EINSCHALTER   EINSTIEG   AUFZUG   ROLLTREPPE

78. You are out for a walk with your pen-pal's dog. Which sign tells you that you nust have the dog on a lead?

| HUNDE BITTE AN DER LEINE FÜHREN | VORSICHT! BISSIGER HUND! |
| ICH BLEIBE DRAUSSEN! | TRÄGT IHR HUND EINE HUNDEMARKE? |

79. In a phone booth, which sign tells you to insert more money?

| WENN SPEICHER LEER, BITTE ZAHLEN. | BITTE KLINGELN |
| BEI VERSAGEN KNOPF DRÜCKEN. | MÜNZRÜCKGABE |

80. You want to go to a film but it might be an "Adults only" film. Which of the following gives you this information?

| GEFÄHRLICHE STRÖMUNGEN | FILMEN VERBOTEN |
| ZOLL | NUR FÜR ERWACHSENE |

81. You are looking for a shirt in a department store. Which sign do you look for?

| HEMDEN | HOSEN | STRÜMPFE | SCHUHE |

82. You are trying to find gloves. What do you ask for?

| HANDTASCHEN | HANDTÜCHER |
| HANDSCHUHE | HANDARBEITEN |

83. Which sign would you look for if you wanted a briefcase?

| KOFFER | TASCHEN | AKTENTASCHEN | UMHÄNGETASCHEN |

84. You are looking for the furniture department. Which word tells you where it is?

| MOBILE | MODEBERATUNG |
| FAHRSTUHL | MÖBEL |

85. Your pen-pal's father works in the gents' suits section of a department store. Which department are you looking for?

| HERRENANZÜGE | HERRENARTIKEL |
| HERRENMÄNTEL | HERRENSTRICKMODE |

86. You need a new dressing-gown. Which sign do you look for?

| BADEMATTEN | BADEZIMMERSPIEGEL |
| BADEANZÜGE | BADEMÄNTEL |

87. Which sign tells you where the blouses are?

| BLOUSONS | BLUSEN | BLUMEN | BLITZGERÄTE |

88. You want to bring your father back a wallet. Which sign do you look for?

| BRIEFMARKENALBEN | BRIEFTASCHEN |
| BÖRSEN | TASCHENRECHNER |

89. You want to bring some colour pencils home with you. What do you look for?

| BUNTSTIFTE | COLLIERS | FARBKÄSTEN | BLEISTIFTE |

90. You need new pyjamas. Which sign do you look for?

| SCHLAFDECKEN | SCHLAFSÄCKE |
| SCHLAFTABLETTEN | SCHLAFANZÜGE |

91. You want to buy a nice hat. Which sign do you look for?

| MÜTZEN | SCHIRME | HÜTE | SCHÜRZEN |

92. Which sign tells you where to find skirts?

| KLEIDER | RÖCKE | SCHALS | KÖRPERPFLEGE |

93. Which word would you use if you wanted a pair of boots?

| HAUSSCHUHE | STIEFEL | GUMMISTIEFEL | BOOTE |

94. Which word would you use for a wrist-watch?

| WÄSCHE | WECKER | GLOCKE | UHR |

95. While camping you realise that you have forgotten a can-opener. What do you look for in a shop?

| DOSENMILCH | KANNE | ZINNKRUG | DOSENÖFFNER |

96. Your father wants to buy an electric shaver. What do you look for ?

| ELEKTROHERDE | ELEKTRORADIATOREN |
| ELEKTRORASIERER | ELEKTROÖFEN |

97. You want to buy a hair-dryer. What do you look for?

| FÖN | TROCKENHAUBE | TROCKENTÜCHER | HAARSPANGEN |

98. If you want to buy a biro, which word do you use?

| FÜLLER | KUGELSCHREIBER | BLEISTIFT | SCHREIBMASCHINE |

99. What do you look for if you want to buy a bulb?

| GLÜHBIRNE | LAMPE | LEUCHTE | TASCHENLAMPE |

100. Which department sells jewellery?

| SCHMUCK | JUWELEN | GELDBEUTEL | UHREN |

101. You want to bring home a nice coffee pot. What do you ask for in a shop?

| KAFFEEKANNE | KAFFEEFILTER |
| KAFFEEBOHNEN | KAFFEESERVICE |

102. You want to buy a nice scarf. What do you ask for?

| SCHERE | STRÜMPFE | SCHAL | GÜRTEL |

103. Which sign tells you that you are in the trousers section?

| HEMDEN | HOSEN | PARKAS | STRUMPFHOSEN |

104. You want to bring home a cookery book. What do you look for in a bookshop?

| KOCHTÖPFE | BÜCHERSTÜTZEN | KOCHBÜCHER | FRITEUSEN |

105. You need a new suitcase before you go home. Which sign do you look for?

| HANDTASCHEN | RUCKSÄCKE | SCHULTERTASCHEN | KOFFER |

106. You want to buy some groceries. Which sign tells you where to go?

| LEBENSVERSICHERUNG | LIEGESESSEL |
| STRICKWAREN | LEBENSMITTEL |

107. You want to buy a doll for someone. Which sign should you look out for?

| PUMPEN | MODEPUPPEN | PUPPEN | RECHNER |

108. If you were looking for an umbrella, which sign would you look for?

| REGENMÄNTEL | REGENSCHIRME |
| REGENKLEIDUNG | WASSERHÄHNE |

109. You want a pair of slippers. What do you look for?

| ROLLSCHUHE | HANDSCHUHE | PANTOFFELN | SCHLITTSCHUHE |

110. Which of the following signs tells you where to find the records department?

| SCHALLPLATTEN | KASSETTENREKORDER |
| TONBANDGERÄTE | MUSIKINSTRUMENTE |

111. Which sign tells you where to find the coins section in a department store?

| SCHMUCK | GELDSCHRÄNKE | SCHAUKELSTÜHLE | MÜNZEN |

112. Which sign tells you where to find the stationery section in a department store?

| SCHREIBWAREN | SCHREIBMASCHINEN |
| PAPIERKÖRBE | ZEITUNGEN |

113. If you wanted to buy some nice handkerchiefs, what would you look for?

| TASCHENTÜCHER | TROCKENTÜCHER | NASENTROPFEN | TEPPICHE |

114. If you wanted to buy an orange, which of the following would you go for?

| APFELSAFT | APFELSINE | APFELTORTE | APFELMUS |

115. Which German word corresponds to the English word "newspaper"?

| ZEITSCHRIFT | ZEITUNG | PAPIER | ZEITVERTREIB |

116. You want to watch the news on German television. Which word in the TV Guide tells you at what time the news is broadcast?

| TAGESSCHAU | TAGEBUCH | PROGRAMMVORSCHAU | KOMÖDIE |

117. Which of the following words corresponds to the English word hairstyle?

| FRISEUR | FRISUR | HAARFARBE | HAARTROCKNER |

118. If you wanted suntan lotion, which of the following would you ask for?

| SONNENMILCH | SONNENSCHIRM | SONNENBRILLE | SONNENSTICH |

119. What would you ask for if you wanted fish fingers?

| FISCHFILETS | FISCHSTÄBCHEN | DOSENFISCH | FINGERHUT |

120. Which word corresponds to English "chicken"?

| SCHINKEN | WASSERHAHN | HÄHNCHEN | SCHASCHLIK |

121. Which word shows you where the drinks section is?

| TRINKWASSER | GETRÄNKE | TRINKGELDER | KONFITÜRE |

122. You want 200 grammes of luncheon meat. What do ask for?

| FLEISCHKLÖSSE | AUFSCHNITT | KALBSFLEISCH | FRIKADELLEN |

123. Which of the words below corresponds to the English word "cream"?

| SAHNE | ZUCKER | MILCHPULVER | SCHUHCREME |

124. If you wanted lemons, which of the following would you ask for?

| PFIRSICHE | ZITRONEN | APFELSINEN | PAMPELMUSEN |

125. What would you buy if you were looking for peas?

| BOHNEN | ERBSEN | MÖHREN | PILZE |

126. If you were buying cabbage, which of the following would you go for?

| KAROTTEN | KOHLE | KOHL | BLUMENKOHL |

127. Which of the words below corresponds to English "soap"?

| WASCHPULVER | WASCHLAPPEN | SEIFE | SOSSE |

128. Which of the following words corresponds to "honey"?

| BIENENSTICH | SÜLZE | HONIG | KONFITÜRE |

129. Which of the following would you choose if you were looking for gooseberries?

| HIMBEEREN | ERDBEEREN |
| ROTE JOHANNISBEEREN | STACHELBEEREN |

130. If you wanted to buy a box of chocolates, which of these four would you ask for?

| BONBONS | SÜSSIGKEITEN | PRALINEN | SCHOKOLADE |

131. If you wanted to buy some fruit, which counter would you head for?

| OBST | GEMÜSE | FRUCHTSÄFTE | QUARK |

132. Which would you choose if you wanted some cheese?

| KÄSE | KASSE | FEINKOST | FETT |

133. Which of the following words corresponds to "soup"?

| SUPPE | SEIFE | SALZ | SAHNE |

134. Which of the following would would ask for, if you were looking for flour?

| BACKPULVER | HAFERFLOCKEN | TEIG | MEHL |

135. What would you ask for in a vegetable shop if you wanted onions?

| ZWIEBELN | PILZE | SENF | SPARGEL |

136. If you do not like garlic, which word should you watch out for on the list of ingredients?

| RADIESCHEN | LINSEN | KNOBLAUCH | BLUMENKOHL |

137. How do you know if an item is sold out or not?

| AUSVERKAUF | AUSVERKAUFT | AUSZUG | AUSGANG |

B ADVERTISEMENTS

Write the number of the ADVERTISEMENT beside the item, message or service it is advertising. Beware of extra items.

1.

Number

- [ ] A public bar
- [ ] Driving lessons
- [ ] Loans
- [ ] Skin specialist
- [ ] Furniture removals
- [ ] Fashions
- [ ] Still-life pictures
- [ ] Jewellers
- [ ] Model trains
- [ ] Furniture

1 Führerschein
Klasse II - II u. I
Seit über 30 Jahren. Theoretische und praktische Ausbildung ab 12 o. 21 Tagen möglich, mit anschließender amtlicher Prüfung. Begonnene Ausbildung kann beendet werden! Wiedererlangung ab 6 Tg. Eigene Pension. Ausführliche Information von
Ferienfahrschule H. Bemfert, Braustr. 8
3062 Bückeburg. Tel. 0 57 22 / 47 21

2 ALCORA - Moden
Spezialist für
"SKINET ROYAL"
"SKINET DE LUXE"
"ALCANTARA"
Essen, City-Center 19, am Rathaus
☎ 0201 / 23 09 90

3 ob nah, ob fern, ob groß, ob klein
UMZÜGE durch
Helmut KLEIN
RUF WETTER
0 23 35 / 6 25 25

4 Stilmöbel am KUHHIRTEN
Die aktuelle Adresse für Interieur und exclusive Einzelstücke
4630 Bochum · Bongardstr. 25
mitten im Centrum
Tel. 02 34 / 1 25 34

5 Schmuck-, Münzen-, Gold- und Silberankauf
Peter Austermühle
Frankfurter Str. 75, 5800 Hagen 1
Telefon 0 23 31 / 2 60 38

6 BARGELD
☎ 02 01 / 22 13 48
1. einfach, schnell, seriös
2. für Arbeitnehmer, Rentner, Hausfrauen
3. auch bei negativer Auskunft
4. zinsgünstige Beamtendarlehen
5. Auszahlung noch am selben Tag möglich
vermittelt PECUNIA GmbH
4300 Essen 1 · Gänsemarkt 21
Mo.-Fr. 8.30 - 18.00 Uhr, Sa. 9 - 12 Uhr

Write the number of the ADVERTISEMENT beside the item, message or service it is advertising. Beware of extra items.

2. Number

	An advertisement for a bakery
	Motorcycle accessories
	An apartment
	Printing works
	Drinks
	Stationery
	Market
	Private school
	Motorbikes
	Sales assistant

Write the number of the ADVERTISEMENT beside the item, message or service it is advertising. Beware of extra items.

3.

Number

- [ ] A ball
- [ ] Disco dancing
- [ ] Holidays
- [ ] A New Year's Eve party
- [ ] Fox hunting
- [ ] Building contractor
- [ ] Cake
- [ ] Doctor's assistant
- [ ] Honey
- [ ] Holiday homes

1 — Silvesterparty im Ballhaus
* großes Buffet
* Unterhaltung
* Ab 24.00 Uhr Nr. 1 Hits '91

Wir kommen gut ins neue Jahr! Und Sie? Es sind noch Karten da, rufen Sie jetzt an:
Ballhaus
Graf-von-Galen-Ring 25
5800 Hagen 1
Tel.: 0 23 31/3 21 03

2 — Zur Eröffnung einer Kinderarztpraxis im Januar 1992 in Hagen-Eilpe suche ich eine freundliche
Arzthelferin oder Kinderkrankenschwester
zu guten Bedingungen.
Zuschriften unter 72 ZS 63918.

3 — 250 FERIENHÄUSER
kostenloser Prospekt   Holland
Tel. 0221 235506   Relais
Euro Relais Komödienstraße 3 W-5 Köln 1

4 — Tanzen Sie auch gerne **Fox?**
Foxtrott · Disco Fox
Dann kommen Sie doch einfach freitags ins *First* DISCO
Ihre Discothek in Hagen
Frankfurter Str. 76   direkt am Markt

5 — Neubau · Umbau
Anbau · Dachausbau
Dämmung · Trockenbau
Holzdecken u. -böden
Maurer- u. Betonarbeiten
Zimmerermeister B. Platner
Maurer-, Betonmeister O. Platner
Berghausen 11
5805 Breckerfeld
☎ (0 23 38) 12 27, Fax: 27 28

6 — Vollkorn-Stollen mit Honig gesüßt 600 g
Sonderpreis: 600 g DM 4,95

Write the number of the ADVERTISEMENT beside the item, message or service it is advertising. Beware of extra items.

4.

Number	
6	Person looking for a house
	Cooking classes
	Travel agents
	A shop selling electrical appliances
	An advertisement for medical staff
	Hairdressing salon
	Models
	Carpet cleaners
	Trips to the Orient
	Fashion bargains

Write the number of the ADVERTISEMENT beside the item, message or service it is advertising. Beware of extra items.

5.

Number

	An advertisement for dogs
	Piano lessons
	Television repairs
	A filling station
	Wedding dresses and evening dresses
	Waitress sought
	Dog-training lessons
	Basement restaurant
	A washeteria
	Pianos for sale

1. **Für den fröhlichen Bund zwischen Mensch und Hund** — Ihre freundliche **Hundeschule** – behutsam, sicher und liebevoll – Telefon 02866 8763 und 8781, 02331 6525, unter freiwilliger Kontrolle des BHD

2. **Brautmodell mieten + kaufen** — Tiefschließende **Corsagen Brautkleider** — Exclusive Abendkleidung für Sie und Ihn — Smokings + Hemden — Inh. K. Schöttge, Gevelsberg, Hagener Straße 21 — Öffnungszeiten: Mo.-Fr. 14-18 Uhr, Sa. 10-13 Uhr, Vormittags nach telefonischer Vereinbarung — 02332/10969 oder 14645

3. **Kellnerin** per sofort für abends für Bistro gesucht. Tel.: 02334/52381

4. **Fernseh-Reparaturen** — gut – schnell – preiswert — **Manfred Vesper** — Meisterbetrieb — Radio-, Fernseh-, Video-Geräte — Antennenbau — Altenhagener Straße 34 · Tel. 26163

5. Aral-Großtankstelle **WESTSTR.** — Täglich, auch am Wochenende **24** Stunden geöffnet! Waschanlage werktags von 6-21 Uhr — Tel. 02331/309212 — **RÖTTGER HAGEN**

6. *Piano Studio* — Das Haus des guten Tons — Monschauer Str. 2, Nähe Stadthalle, am Geschäft, Tel. HA 587129 — **Klavierkauf nur beim Fachmann:** Ständig Sonderangebote vorrätig. Günstige Finanzierung. Mietklaviere · Stimmungen · Reparaturen · Noten · Konzert-Service

27

Write the number of the ADVERTISEMENT beside the item, message or service it is advertising. Beware of extra items.

6.

Number

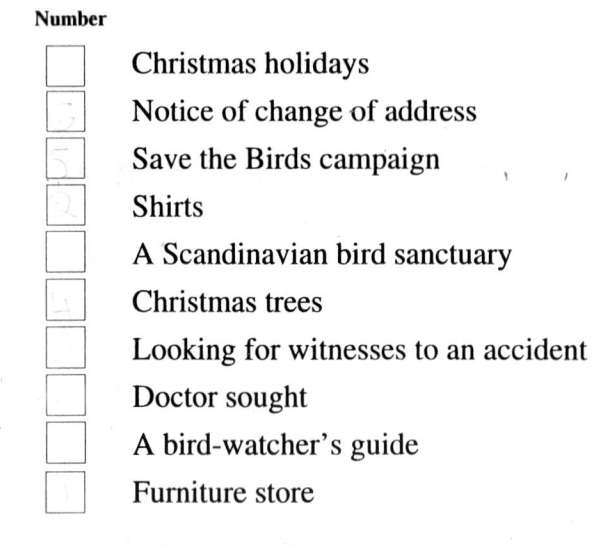

	Christmas holidays
	Notice of change of address
5	Save the Birds campaign
2	Shirts
	A Scandinavian bird sanctuary
4	Christmas trees
	Looking for witnesses to an accident
	Doctor sought
	A bird-watcher's guide
	Furniture store

1 Skandinavisches Einrichtungshaus
Falke
bio GESUNDES WOHNEN
MÖBEL-KISTE
HAGEN AM STADTTHEATER
Konkordiastr./Ecke Hochstr. · 0 23 31/1 47 74

2 Maßhemden
für City, Sport und Abend.
Kostenlosen Modell- und Stoffmuster-katalog anfordern.
B. L. Müller KG
Maßhemden-Manufaktur
Postf. 3270-10, 8670 Hof
Telefax (0 92 81) 59 79
Tel. (0 92 81) 59 76
müller maßhemden m

3 Unfallzeugen!
Sonntag 8. 12. 91, 12.30 Uhr,
Bergischer Ring/Hochstraße
bitte melden.
Telefon 0 23 31/2 76 25

4 Weihnachtsbäume
bei Pförtnerhaus Krupp,
Wehringhauser Straße,
preiswert wie alljährlich;
4 Sorten v. 1 m bis 2.80 m;
auch So.

5 Rettet die Vögel!
Deutscher Bund für Vogelschutz
Postgiro 1703-203 Hamburg

6 Wir sind umgezogen!
Praxis Dr. med. H. R. Herbert
Arzt für Allgemeinmedizin und Sportmedizin
Emster Str. 91 · 58 Hagen-Emst
Tel. 0 23 31/5 33 37

Write the number of the ADVERTISEMENT beside the item, message or service it is advertising. Beware of extra items.

7.

Number

☐	Fitted kitchens
☐	Wedding fashions
☐	A charitable organisation
☐	Sausages
☐	A bakery
☐	A bazaar
☐	Dog grooming
☐	Jobs at a meat counter in a department store
☐	Tiles
☐	A clearance sale of furs

1 Den Armen Gerechtigkeit
Brot für die Welt
Postgiro Köln 500 500 500
Postf. 10 11 42 · 7000 Stuttgart 10

2 **plaza**
Fleisch-/Wurst Fachverkäuferin
in Vollzeit oder Teilzeitbeschäftigung und
Fleischergeselle
in Vollzeit für sofort oder später gesucht.
Plaza SB Warenhaus
Elberfelder Straße 93 · Telefon 33 00 28 (Herr Passlack)

3 **Fliesen Schulz**
Wir verschönern Ihre Küche
SCHULZ
FLIESEN GMBH · 5800 Hagen
Altenhagener Str. 95 c
Tel. (02331) 8 50 37

4 **Totaler Räumungsverkauf**
Pelze — Pelze — Pelze
wegen Geschäftsaufgabe
25. 11. bis 21. 12. '91
30% bis 50% radikal reduziert
Pelzmoden Amaxas, Hochstraße 97
gegenüber Kaufhof-Parkhaus — langer Do. und Sa.

5 **PRONUPTIA — DE PARIS —**
Der neue Brautmoden-katalog ist eingetroffen!
Schutzgebühr von 10.- DM
wird bei Kauf angerechnet.
Pronuptia de Paris
Kampstr. 45, Dortmund

6 Schon gesehen?
Ausgefallene Kleidung - Schmuck - Rauchgeräte - Henna - Kerzen u.v.m.
Einfach mal gucken ...
wau !!!
Wo? Hier:
Mewi´s Basar
Bahnhofstr. 36
Tel. HA 1 47 41
... der Laden mit dem Bobtail!

Write the number of the ADVERTISEMENT beside the item, message or service it is advertising. Beware of extra items.

8.

Number	
	A cinema
	Prospective authors
	A Mercedes for sale
	Domestic help
	Cough medicine
	Stop hair-loss!
	Shelving
	A driver is sought
	Weed-killer
	Engagement

1
Schreiben Sie?
International tätiger Verlag (ca. 1600 Titel) veröffentlicht
Romane • Lyrik • Anthologien
Dissertationen • Fachbücher
Senden Sie uns Ihr Manuskript!
Haag + Herchen Verlag GmbH
Fichardstr. 30, D-6000 Frankfurt 1
Telefon (069) 550911-13

2
Gegen den Husten ist ein Kraut gewachsen.
Bronchicum® ist die wirksame Hustenmedizin mit den heilsamen Kräften aus der Natur. Die Wirkstoffe ausgesuchter Naturheilpflanzen sorgen für eine gezielte Linderung und schonende Heilung bei Husten und Bronchitis. Fragen Sie Ihren Arzt oder Apotheker.
Bronchicum®

3
Wir verloben uns
Luzia Lewe
Aureliu Marian Tricâ
Silvester 1991

4
Tropfen gegen
Haarausfall
Vorzeitiger Haarausfall beruht auf einer anlagebedingten Wachstumshemmung der Haarwurzeln. Hamburger Professoren entwickelten dagegen das Haar-Elixier Setaderm (Apotheke).

5
REGALE
GRATISPROSPEKT
Alle Größen · Holz und Stahl
Fichteregale mit Türen und Schüben
C. ORTGIESE · 4154 ST. TÖNIS
Westring 105 · 0 21 51/79 07 90

6
Haushaltshilfe
nach Volmarstein gesucht. Montags, mittwochs + freitags von 8 -12 Uhr. Tel.: priv. 0 23 35/6 24 70, geschäftlich 0 23 31/30 83-0
Ottensmann Spedition
Wortherbruchstr. 10 · 5800 Hagen 1
Telefon (0 23/31) 30 83 51

30

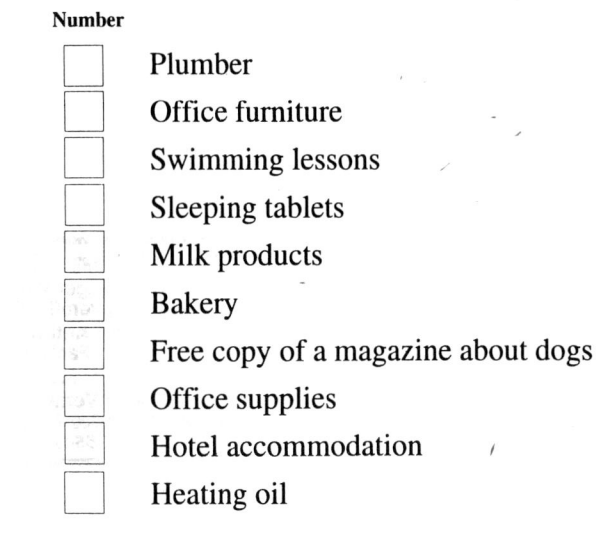

Write the number of the ADVERTISEMENT beside the item, message or service it is advertising. Beware of extra items.

9.

Number

	Plumber
	Office furniture
	Swimming lessons
	Sleeping tablets
	Milk products
	Bakery
	Free copy of a magazine about dogs
	Office supplies
	Hotel accommodation
	Heating oil

1 SPEZIALISTEN LEISTEN MEHR
Büromöbel von
QUITMANN
5800 Hagen 1 · Tel. (0 23 31) 9 55-0

2 **Heizöl Steinhoff**
5800 Hagen · Overbergstraße 105 · Telefon (0 23 31) 6 11 01
Kohlen · Holzkohle · Gartenbedarf · Transporte · Diesel · Heizöl

3 Intensive Schwimmkurse
im Queens Hotel Hagen
für Kinder u. Erwachsene in kl. Gruppen ohne Zuschauer.
Schwimmschule Schreiber
Anm. ☎ HA 6 52 58

4 **Gut einschlafen**
natürlich
• beruhigend
• entspannend
• rein pflanzlich
Vivinox-Beruhigungsdragees
rein pflanziche Wirkstoffe

5 Ich hab ein Herz für Hunde
Hunde magazin Heute bestelle ich ein Gratisprobeheft
beim Verlag Hundemagazin, Pf. 46 D-7701 Büsingen

6 Bei uns finden Sie Brot + Gebäck in großer Auswahl
Unsere Advent-Spezialitäten
Butterstollen kg **17.90** DM
Butterspekulatius 250 g **4.80** DM
Mandelprinten 200 g **3.40** DM
Bäckerei *Rafflenbeul* Konditorei
Hagen
15 × »immer in Ihrer Nähe«

31

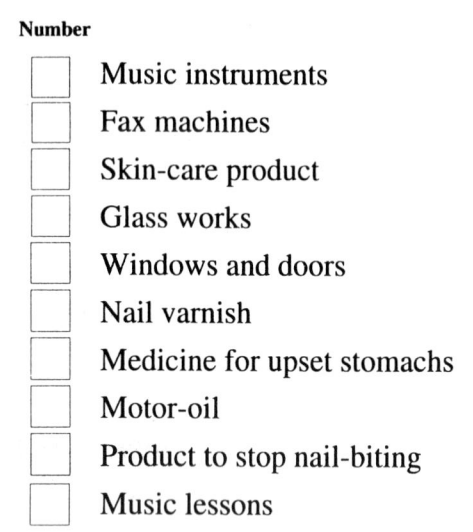

Write the number of the ADVERTISEMENT beside the item, message or service it is advertising. Beware of extra items.

10.

Number

- [ ] Music instruments
- [ ] Fax machines
- [ ] Skin-care product
- [ ] Glass works
- [ ] Windows and doors
- [ ] Nail varnish
- [ ] Medicine for upset stomachs
- [ ] Motor-oil
- [ ] Product to stop nail-biting
- [ ] Music lessons

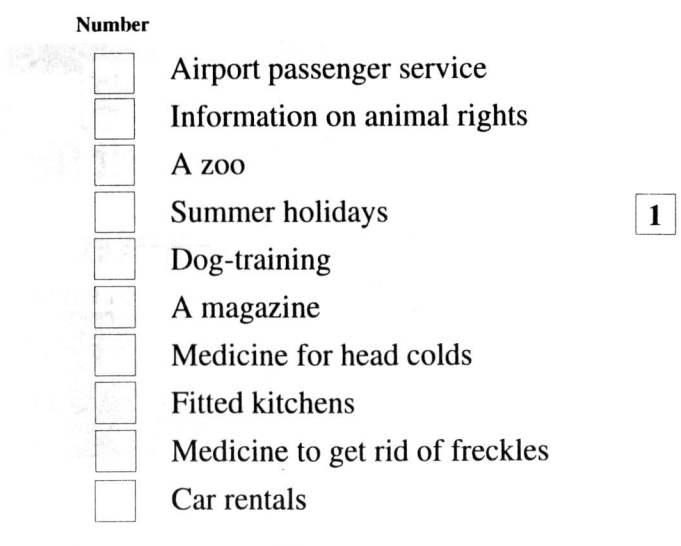

Write the number of the ADVERTISEMENT beside the item, message or service it is advertising. Beware of extra items.

11.

Number

	Airport passenger service
	Information on animal rights
	A zoo
	Summer holidays
	Dog-training
	A magazine
	Medicine for head colds
	Fitted kitchens
	Medicine to get rid of freckles
	Car rentals

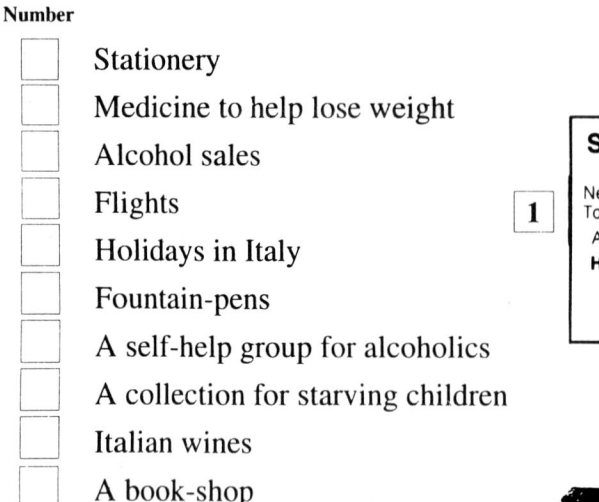

Write the number of the ADVERTISEMENT beside the item, message or service it is advertising. Beware of extra items.

12.

Number

	Stationery
	Medicine to help lose weight
	Alcohol sales
	Flights
	Holidays in Italy
	Fountain-pens
	A self-help group for alcoholics
	A collection for starving children
	Italian wines
	A book-shop

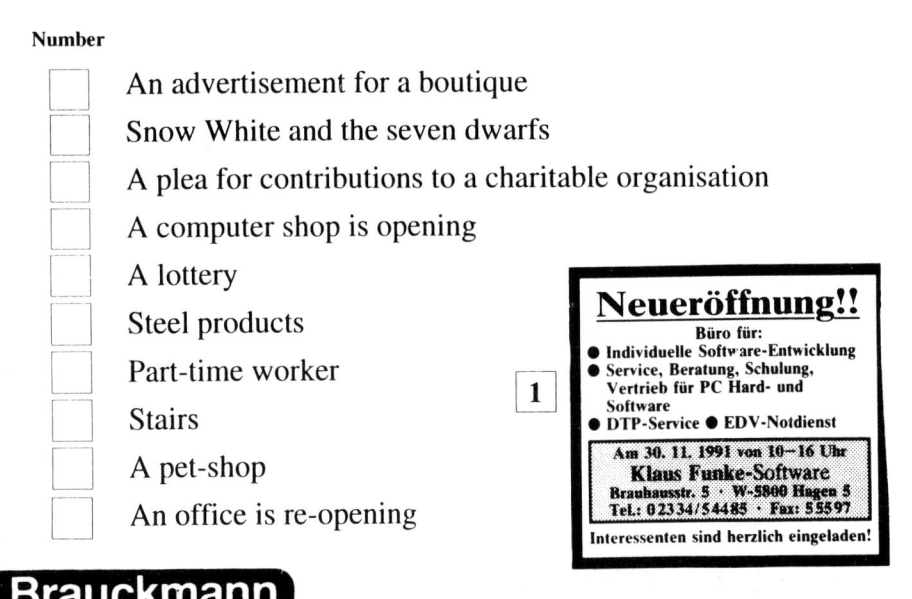

Write the number of the ADVERTISEMENT beside the item, message or service it is advertising. Beware of extra items.

13.

Number

- [ ] An advertisement for a boutique
- [ ] Snow White and the seven dwarfs
- [ ] A plea for contributions to a charitable organisation
- [ ] A computer shop is opening
- [ ] A lottery
- [ ] Steel products
- [ ] Part-time worker
- [ ] Stairs
- [ ] A pet-shop
- [ ] An office is re-opening

Write the number of the ADVERTISEMENT beside the item, message or service it is advertising. Beware of extra items.

14.

Number

- [ ] A hairdresser
- [ ] A pet-shop
- [ ] Information on environment-friendly detergents and washing powders
- [ ] Latest fashions
- [ ] Turkeys and geese
- [ ] Drops to take if you have a cold
- [ ] Health insurance for pets
- [ ] Christmas surprises
- [ ] Traditional costumes
- [ ] Information on the environment

1 Friseur »Er - Sie - Es« 5804 Herdecke Wetterstraße 3—5 Tel. (02330) 10111

2 Bei Erkältung... Carmol-Tropfen in heißem Tee eingenommen helfen rasch und spürbar. Carmol Tropfen bei Erkältung, Nervosität, Gliederschmerzen, Muskelschmerzen, Magenbeschwerden, enthalten 65 Vol. % Alkohol Omegin, Köngen Carmol ...schon wenige Tropfen wirken! ...in Apotheken und Drogerien

3 Geld sparen und Umwelt schützen mit almaca-bio den hochwertigen Wasch- und Reinigungskonzentraten. Biologisch voll abbaubar. Ohne Phosphate. Ohne Petrochemie. Ohne optische Aufheller. Wir machen keine Tierversuche. Fordern Sie bitte unsere kostenlose Informationsschrift an: almaca GmbH, 79 Ulm-Söflingen, Neue Gasse 2/1 Unsere Artikel finden Sie in den Drogeriemärkten Muller.

4 Freilaufende **Puten und Gänse** zu Weihnachten zu verkaufen Telefon 02338/3687

5 ...das gibt's nur bei der **Uelzener**: Krankenversicherung für Hund und Katze NEU: Impfkosten jetzt mitversichert! Senden Sie mir bitte kostenlos und unverbindlich Prospekte zur Krankenversicherung für ○ meinen Hund ○ meine Katze. Ausschneiden und absenden an: UELZENER Allgemeine Versicherung Postfach 729 · 3110 Uelzen 1 EHfT

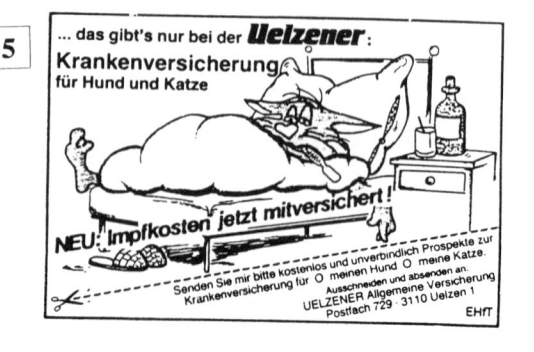

6 **Exclusive Trachtenmode** fast aller führender Hersteller in Riesenauswahl von Größe 38-54. Festliche Mode im Landhausstil. Prospekt anfordern bei Trachten- und Damenmoden **NOTTENKÄMPER** Marktstr. 46 · 4408 Dülmen Telefon 02594/8 33 82

Write the number of the ADVERTISEMENT beside the item, message or service it is advertising. Beware of extra items.

15.

Number

☐	A record shop
☐	Coins
☐	Holiday in Norway
☐	Private school
☐	Fishing holidays
☐	Rare records
☐	Dinghies
☐	Cosmetics for animal rights supporters
☐	Holiday homes
☐	Lessons on how to handle dogs

1 SCHULUNGSZENTRUM
für Herrchen oder Frauchen mit Hund. Privatunterricht, ausgerichtet auf den Gehorsam für Haus- und Begleithunde. Abgewöhnung von Untugenden.
Prospekt: v. Eysden
D-4555 Rieste,
Telefon 0 54 64-52 46

2 NATURGEIST® NATURKOSMETIK
Wir sind gegen Tierversuche in der Kosmetik! Deshalb liefern wir unsere Natur-Kosmetik-Produkte nach den Richtlinien des Deutschen Tierschutzbundes.
FÜR FRAUEN MIT HERZ
Erhältlich in Fachgeschäften. Fordern Sie gleich Gratis-Farbprospekte an, von
HAGINA GMBH
Riesenfeldstraße 76/3a
8000 München 40 • ☎ 0 89/35 88 88/89

3 Münzen
zu günstigen Konditionen
Bitte *kostenlose* Preisliste anfordern!
Dirk B. Biermann GmbH
Postfach 100434 • Gnadenort 6
4600 Dortmund 1
Tel. 0231/577423 • Fax 0231/572017

4 Atlantik & Mittelmeer
Spanien, Türkei, und Griechenland
Von der Fischerhütte bis zur Luxusvilla
Katalog kostenlos
HJR FERIENHÄUSER
Wöhlerhof 3 A
D-3002 Wedemark 2
Tel. (0 51 30) 80 51

5 WIR WÜNSCHEN WUNDERVOLLE WASSERFREUDEN
Sportschlauchboote – kostenlose Infos von:
WIKING
Schlauchbootwerft 25 • Hanel GmbH
Postfach 1230 • 3520 Hofgeismar
Tel. 0 56 71 – 20 27

6 SCHALLPLATTEN
die nicht mehr erhältlich sind, haben wir am Lager. Unverbindlich kostenlosen Katalog anfordern bei
KESS-VERSAND, Postfach 25 42 41
8700 Würzburg 25, Tel. 09 31/2 55 83

Write the number of the ADVERTISEMENT beside the item, message or service it is advertising. Beware of extra items.

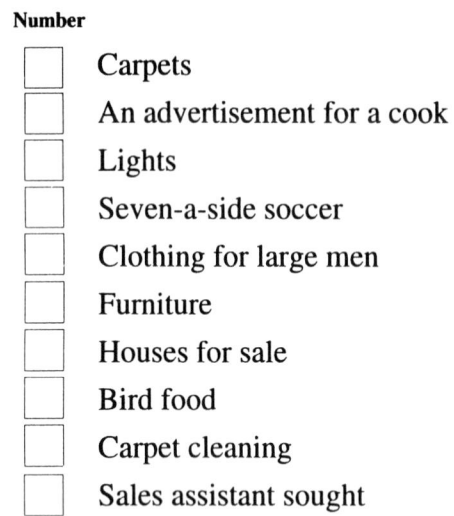

16.

Number

☐ Carpets
☐ An advertisement for a cook
☐ Lights
☐ Seven-a-side soccer
☐ Clothing for large men
☐ Furniture
☐ Houses for sale
☐ Bird food
☐ Carpet cleaning
☐ Sales assistant sought

1 — Vogelfreunde — 180 Futter-Sorten zum Mischen — Beim Tier auf Ihrer Seite — DORTMUND 1 - MÜNSTER - DORTMUND 50 — Dortmund Indupark-Wendenweg 7 - Tel. 65966

2 — Die große Leuchtenschau — auf über 4000 qm · modern und rustikal. Sonderanfertigungen aus eigener Herstellung. Donnerstags bis 20.30 Uhr geöffnet. — 4282 Velen Eschstraße 118 Tel. 02863/1405 — „Leuchten zur Scheune" — 4236 Marienthal bei Wesel Tel. 02856/2178

3 — **Verkäuferin** für Kiosk in Hagen gesucht (auch samstags und sonntags). Telefon 0 23 71 / 2 40 76

4 — Reinigungspreise, die auf dem Teppich bleiben! — Velours-Teppich DM/m² **13,90** — Orient-Teppich DM/m² **21.-** — Berber-Teppich DM/m² **22,50** — Alexanderstr. 78, Frankfurter Str. 85, 5800 Hagen — Sauberland®

5 — **TEAM 7 natürlich Wohnen** — traditionell handwerklich gefertigte Materialien bis ins Detail — Massiv-Möbel-Ausstellung — Kiefer, Erle, Fichte, Birke - deutscher und ausländischer Produktion — **HARTMANN** — Weberstraße 55 / Kirchstraße in der City Gelsenkirchen die Nr. 1 — ☎ 02 09 / 2 16 34

6 — **Männer** Über 2 Zentner + über 2 Meter bedienen wir mit passender Fertigkleidung bis Gr. 66, 35, 77, 122 — **KOCH** — Borken, Kapuzinerstr., T. 0 28 61 / 25 34

Write the number of the ADVERTISEMENT beside the item, message or service it is advertising. Beware of extra items.

17.

Number

☐ Oak furniture
☐ Food
☐ Shirts
☐ Tables
☐ Clothes
☐ Holiday in Upper Bavaria
☐ Double-glazing
☐ Everything you could get for your cat
☐ A fashion show
☐ A spa resort

1 — Bad Essen tut gut! das SOLE-HEILBAD am Wiehengebirge. Lernen Sie uns kennen! 2 Übernachtungen/Halbpension (Du/WC) & Extras ab DM 120,- Info: Kurverwaltung 4515 Bad Essen · Telefon 0 54 72 / 8 33

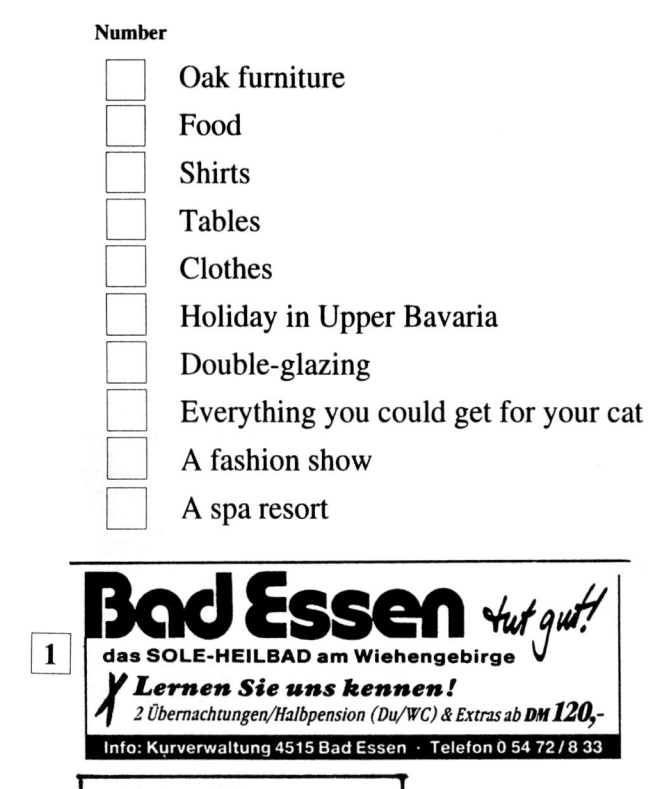

2 — WO OBERHEMDEN genau passen, herrlich weich und besonders lang sind, und das Feinste nur 49,75 kostet. 54 Größen, Ärmellängen und Weiten. immer am Lager. Lieferung frei Haus. Einfach Karte schreiben: Gratisprospekt an Paul Saarmann, Seidenstickerstraße 27/88, 4800 BIELEFELD 1 · ☎ 0521-71467

3 — EICHENMÖBEL SCHULTE eigene Tischlerei und Polsterei 4716 Olfen Gewerbegebiet Hafen Tel. 0 25 95 / 10 50 Do. bis 20.30

4 — Ich lade Sie ein zu meiner Modenschau Sa. 04.01.1992, 15.00 Uhr in meinen Geschäftsräumen. Anmeldung erbeten unter: Tel. 0 23 03/29 20. 4750 Unna (direkt am Bahnhof) Braut & Abendmoden Kinderkleider / Kommunion. Erika Wrobeln

5 — Warum neue Fenster kaufen? Tischlermeisterbetrieb baut kostengünstig einf. verglaste Fenster zum Isolierglasfenster um. Wichtig für Sie: Seit 10 Jahren beste Referenzen! Eigene Monteure! Umbau an Ihrem Haus ohne Schmutz zum Festpreis! H. Middelmann-Fenstertechnik 58 Hagen · Inh. H. Börner · Graf-v.-Galen-Ring 10 Tel. 02331/1 60 35 oder 0231/71 60 88 Dtmd.

6 — KATZEN BOUTIQUE MÜNCHEN Der zuverlässige Versand für Katzenzubehör. Fordern Sie unseren kostenlosen Farbkatalog an. 8000 München 19 · Donnersbergerstr. 45 · Tel. 0 89/16 20 72

Write the number of the ADVERTISEMENT beside the item, message or service it is advertising. Beware of extra items.

18.

Number

- [ ] Spectacles
- [ ] Farmhouse holidays
- [ ] Furniture
- [ ] Gold and silver objects wanted
- [ ] The opening of the Town Hall
- [ ] Metal detectors
- [ ] A shop selling wool
- [ ] Sportsgear
- [ ] A subscription to a magazine
- [ ] Camping holidays

Write the number of the ADVERTISEMENT beside the item, message or service it is advertising. Beware of extra items.

19.

Number

	A department store
5	Inserts to overcome the noise of snorers
2	Wood
1	Fans
4	A hairdressing salon
	A fast-food stall
	A student demonstration
6	Parking facilities for caravans
	Caravan holidays
3	Holiday jobs for students

Write the number of the ADVERTISEMENT beside the item, message or service it is advertising. Beware of extra items.

20.

Number

	Bubble bath
	Houses for sale
	Flowers
	Hiking tours
	Painting and decorating
	Cough syrup
	Dutch holidays
	Sites wanted
	Electrical equipment repairs
	Army gear

1 Wir suchen laufend GRUNDSTÜCKE für Einzelhäuser, Doppelhäuser, Reihenhäuser.
MM
MÄRKISCHE MASSIVHAUS GmbH
Postfach 2305 · Körnerstraße 82
5800 Hagen 1 · Tel. (02331) 397-1 62
Ein Unternehmen der Firmengruppe Koster

2 Räer
Internationale Militär-Ausrüstung, Schlafsäcke, Bekleidung, Schuhwerk, Zelte.
GRATIS KATALOG ANFORDERN
Armeebestände
Räer Versand · Postfach 10 10 45 A
3200 Hildesheim · Tel. 05121/57944

3 Holland-Blumen
Mittwochverkauf 10 – 18 Uhr
DO-Fredenbaum, Raveike 15
Einfahrt hinter dem Museum für Naturkunde

4 Alle Maler- und Tapezierarbeiten
Brand- und Wasserschäden, Treppenhäuser, Fußböden.
W. Klöpper
Telefon 0231/41 32 76

5 Wasch- Spül- und Kühlgerätereparaturen
schnell, gut, preiswert.
Meisterbetrieb G. Schweizer
Tel. DO 41 58 47

6 Wenn Husten quält...
Tussamag®
HUSTENSAFT
Mit Wirkstoffen aus der Natur!

C   LONGER ADVERTISEMENTS

Read through this advertisement and answer the questions below:

1.

Neu! Urlaub aktuell

Drei Wochen reisen – nur zwei Wochen bezahlen

Wenn Sie unabhängig von den Schulferien sind, können Sie viel Geld von Ihrem Urlaubsbudget sparen. Denn fast alle Reiseveranstalter bieten in ihrem Programm Super-Sonderangebote an, die Sie sorgfältig prüfen sollten. Wollen Sie zum Beispiel schon im April die Sonne genießen, wäre die spanische Costa del Sol das richtige Ferienziel.

Fliegen Sie mit Transeuropa am 13. April nach Torremolinos und wohnen im Hotel Flamingo, dann brauchen Sie für drei Ferienwochen mit Halbpension nur zwei Wochen zu bezahlen. Der reguläre Preis für drei Wochen beträgt 1499 Mark. Sie zahlen bei Abflug am 13. 4. aber nur 1179 Mark. Somit haben Sie also 320 Mark gespart. Das bedeutet bei einem Ehepaar 640 Mark. Das gleiche Super-Sonderangebot gilt auch für den Oktober, wenn Sie an der Costa del Sol den Sommer verlängern wollen. Beim Abflug am 5. 10. zahlen Sie im Flamingo für drei Wochen den Zwei-Wochen-Preis.

(i)   What is so special about this special offer?
(ii)   What does the holiday normally cost?
(iii)   For which periods in the year does this offer apply?

43

2.

7 Tage für 99 Mark

Nur 99 Mark kostet ein einwöchiger Ferienaufenthalt in dem hübschen Elbstädtchen Otterndorf, 17 Kilometer von Cuxhaven entfernt. In diesem Preis eingeschlossen sind: sieben Übernachtungen/Frühstück in netten Privatpensionen mit fließend kaltem und warmem Wasser oder Dusche. Außerdem noch sechsmal Schwimmbad-Besuch und einmal ein Fahrrad leihen für zwei Stunden. Dieses gute Angebot gilt bis 31. März und vom 15. September bis 20. Dezember. Otterndorf liegt gleich ,,achtern Diek", also gleich hinter dem Deich. Vom Strand aus können Sie die Ozeandampfer beobachten. Herrliche Wanderwege am Deich, am Elb- und Medemufer entlang oder durch stille Heide- und Moorgebiete verlocken zu erholsamen Spaziergängen. Auskünfte: Fremdenverkehrsverein 2178 Otterndorf, Telefon: 04751/13131.

(i) What is included in the price of 99 marks?
(ii) For how long is the offer valid?
(iii) What activities are suggested?

3.

TANZEN lernt man beim Profi!

- Anfängerkurse
- Ergänzungskurse
- Welttanzprogramm
- Medaillenprogramm
- Gesellschaftstanz
- Rock'n' Roll
- Steptanz
- Kindgerechtes Tanzen

Rufen Sie uns an – wir beraten Sie gern!

Tanzen mit Spaß...

TANZSCHULE ADTV
Siebenhüner

Elberfelder Str. 64 · 5800 Hagen 1 · Tel. 157 57
Information: montags-freitags 15.00-19.00 Uhr

(i) Who would be interested in this advertisement?
(ii) What grades does it cater for?
(iii) When and how can an interested party get more information?

4.
Diebe stahlen 179 Liter Milch

Waren die Diebe durstig? Oder hatten sie das Haus voller Katzen? Diese Frage stellten sich Zivilfahnder, als sie den Kofferraum eines Autos bei einer Kontrolle in der Neuwiedenthaler Straße (Neugraben/Fischbeck) öffneten: 84 Literpackungen Milch lagen da sorgfältig gestapelt.

Der 43 Jahre alte Fahrer war in Begleitung zweier 16jähriger. bei der Durchsuchung der Wohnung des Fahrers fanden die erstaunten Beamte dann nochmal 95 Liter Milch auf dem Balkon.

Die Polizei stellte fest, dass die Milch aus einem Geschäft in der Straße Küchgarten (Harburg) gestohlen worden war.

Welchen Verwendungszweck die Täter für die Milch hatten, ist noch nicht bekannt.

(i) What was stolen by these thieves?
(ii) (a) How many thieves were involved?
(b) What ages were they?
(iii) Where had they stolen the goods?

5.
Einbrecher kamen zweimal

Zum zweitenmal innerhalb einer Woche ist die Familie des bekannten Hamburger Immobilienmaklers Harald G. in ihrem Haus an der Westerlandstraße (Tonndorf) überfallen worden. Am Freitag drangen die Täter durch ein Garagentor ins Haus, bedrohten die hochschwangere Frau (40), die 18jährige Tochter, den 17jährigen Sohn und eine 61jährige Hausangestellte mit ihren Waffen und fesselten die Opfer mit Wäscheleinen. Sie stahlen 25 Schecks, zwei Teppichbrücken, eine 12 000-Mark-Uhr und flüchteten im Mercedes der Familie.

Bereits am letzten Sonnabend hatten Maskierte die Familie überfallen. Dabei erbeuteten sie zwei wertvolle Uhren und 21 000 Mark Bargeld.

(i) How many times was the family raided?
(ii) What items were stolen from the house in the raids?
(iii) What happened to the occupants of the house?

6.

30 000 Mark lagen auf der Straße

Associated Press

Menden — Ein ehrlicher Finder hat in der Innenstadt von Menden (Sauerland) 30 000 Mark auf der Straße gefunden. Wie die Polizei gestern mitteilte, gehörte das in einem Briefumschlag verpackte Geld einer 86 Jahre alten Frau. Sie hatte die Summe von ihrer Bank abgehoben und das Geld bei einem Einkaufsbummel verloren. Der Finder, ein Rentner aus Fröndenberg, gab den Fund bei seiner Bank ab, die die Verliererin ausfindig machte.

(i) Where was the money found?
(ii) To whom did it belong?
(iii) Who found the money?
(iv) What kind of container was the money in?

7.

Frankfurter Rundschau
27. Januar 1988

Vermögen lag im Zug-Abteil

TURIN, 26. Januar (dpa). Ein Vermögen wartet im Fundbüro von Turin auf seinen Eigentümer. Wie am Montag bekanntgegeben wurde, fand eine Reisende in der vergangenen Woche 198 Millionen Lire (mehr als 260 000 Mark) in einem Zweiter-Klasse-Abteil im Zug Palermo—Turin und übergab das Geld bei ihrer Ankunft in der norditalienischen Stadt der Bahnhofspolizei. Verlust-Meldungen gingen bislang nicht ein. Wenn sich der Besitzer des Geldes, das nach den Vermutungen der Polizei kriminellen Ursprungs ist, nicht innerhalb von zwei Tagen meldet, geht es automatisch in den Besitz der italienischen Staatsbank über.

(i) What was found on the train?
(ii) Was the finder male or female?
(iii) How long does the loser have to claim?
(iv) What happens if a claimant does not come forward?

8. **Handtaschenräuber rissen ihr Opfer brutal zu Boden**

Zwei Frauen sind am vergangenen Freitag um 22.45 Uhr in der Boppstraße von zwei Unbekannten überfallen und ihrer Handtaschen beraubt worden. Einer der beiden etwa 25 Jahre alten Räuber zwängte sich von hinten zwischen den beiden Frauen hindurch und riss eine Tasche an sich. Dabei wurde das Opfer zu Boden gerissen und verletzt. Die Frau musste in ein Krankenhaus eingeliefert werden. Der Komplize riss der anderen Frau die Umhängetasche weg. Beide Räuber flüchteten. Sie sollen Jeansbekleidung getragen haben.

Am Sonntag morgen sind die beiden Taschen im Kaiser-Wilhelm-Ring, nahe der Ostein-Unterführung gefunden worden. Es fehlten in ihnen lediglich die geringen Geldbeträge.

(i) What happened to the two women?
(ii) About what age were the culprits?
(iii) Were the thieves caught?

9. *Mein Mann will campen – ich möchte ins Hotel!*

● „Mein Mann war ein richtiger Camping-Narr. Jedes Jahr machten wir Urlaub auf demselben Camping-Platz. Als unsere Tochter anfing, allein zu verreisen, hatte ich endlich den Mut, mit meinem Mann zu sprechen.

Nach langen Gesprächen trafen wir folgende Regelung: Ein Jahr bestimme ich Urlaubsziel und Hotel, das nächste Jahr mein Mann. Das klappt prima! Unser Wohnwagen wird inzwischen nur noch alle drei Jahre genutzt. Mein Mann hat nämlich Lust bekommen, in den Ferien immer wieder neue Orte, andere Menschen kennenzulernen...

Camping

(i) What problem did this woman formerly have?
(ii) What agreement did she come to with her husband?
(iii) How often do they go on a camping-holiday now?

10.

ADTV
TANZSCHULE
SCHNEIDER

Mitglied im Allg. Deutschen Tanzlehrerverband

Wir unterrichten:
Standard- und Lateintänze
Step-Tanz, Jazz-Tanz
Rock'n Roll, Kindertanz
Rythmische Gymnastik
und Turniertanz

für
Paare
Singles
Schüler
Senioren
Sichern auch Sie
sich Ihren Platz

Wir wünschen allen ein frohes Weihnachtsfest
und ein gutes Neues Jahr!

Neue Kurse ab 25. Januar

Körnerstr. 64, 5800 Hagen, Tel.: 0 23 31/2 81 74
Tägliche Anmeldung von 18.00 – 20.00 Uhr

(i) What kinds of dancing can one learn here?
(ii) At which groups of people is the advertisement aimed?
(iii) At what time of the year did this advertisement appear?

11.

Liebe Elke

Mein Wunsch wurde doch noch wahr,
es dauerte jedoch über 27 Jahr'.
Ich traf Dich wieder am 1. 11. in diesem Jahr.
Bleib weiterhin so froh und heiter,
es wäre schön, gingen wir in Zukunft
den Weg gemeinsam weiter.

In Hoffnung und Geduld
Klaus

(i) Why did Klaus insert this notice?
(ii) What hope does he express?

12.

Dänemark — Das Campingparadies der guten Laune.

Erleben Sie saubere Natur, herrliche Landschaften, fröhliche Leute und jede Menge Spaß beim Surfen, Angeln, Segeln und Sonnenbaden. An 7.500 Kilometern Küstenlinie bieten Ihnen Dänemarks familienfreundliche Camping-Plätze hohen Standard: vom 1-Sterne Platz bis zum Luxus-Camping-Platz der 3-Sterne Kategorie. Viele Tips und Anregungen für die perfekte Planung Ihres Camping-Urlaubs finden Sie im neuen Handbuch „Alles über Camping in Dänemark".

JA schicken Sie mir das kostenlose Handbuch „Alles über Camping in Dänemark".

Dänisches Fremdenverkehrsamt
Abteilung AM
Postfach 10 13 29, 2000 Hamburg 1

Name _____

Straße _____

PLZ, Ort _____

(i) What is being advertised here?
(ii) What is promised?
(iii) What types of sport are mentioned?

13.

Der Teddy ist ein alter Hit

In den Wochen vor Weihnachten ist er ein Verkaufsrenner – und das seit Jahrzehnten: der Teddybär. Auf Auktionen werden Höchstpreise für das niedliche Kuscheltier bezahlt, wenn es 50 oder 60 Jahre alt ist. Und nächstes Jahr feiert der Liebling aller Kinder seinen 90. Geburtstag! Vater des Plüschtieres war der amerikanische Präsident Theodore Roosevelt. Ted oder Teddy – wie der 26. US-Präsident von Freunden genannt wurde – war für seine Jagdleidenschaft bekannt. Als er im November 1902 auf der Jagd ein Grizzly-Junges vor der Flinte hatte, soll „Teddy" ausgerufen haben: „Wenn ich dies kleine Tier töten würde, könnte ich meinen Kindern nie mehr in die Augen sehen!" Ein Zeichner karikierte dieses Ereignis, und eine Leserin der Washington Post fertigte nach dem Abbild den allerersten Plüsch-Teddy. Der erste Steiff-Teddy kam dann ebenfalls 1902 „zur Welt" ...

(i) When did the Teddybear first make its appearance?
(ii) How did it get its name?
(iii) Who created the first Teddybear?

14.

Ratskeller
5800 Hagen · Rathausstr. 1
Tel. 0 23 31-3 21 51 · Fax 3 21 53

Unsere
Party Profis
bieten Ihnen für die
kommenden Feiertage
eine reichhaltige Palette an lukulischen Gaumenfreuden, damit Sie Gast in Ihrem eigenen Haus sein können.

Hier einige Beispiele unserer Leistungsfähigkeit
Fertig gebratene Geflügel- und Fleischspezialitäten
in verschied. Saucenvarianten
z.B. Enten, Gänse, Puten, Lammkeule, Kalbsbraten, gegr. Weinschinken, Schwedenbraten sowie Rehkeule u. Wildgulasch.

Zum **Dessert** empfehlen wir unsere **verschiedenen Süßspeisen** aus unserer Partyküche.

Unser **umfangreicher** Partykatalog bietet Ihnen weitere reichhaltige warme + kalte Büfettspezialitäten.

Die Party Profis
Telefon 0 23 31 - 3 21 51

(i) What kind of service is on offer?
(ii) What types of food are available?
(iii) Where can you find more information?

15.

Für unsere jüngsten Leser

Dieses Buch erzählt anschaulich die Geschichte der Arche Noah. Es ist in großer Schreibschrift geschrieben, so daß es sich nicht nur zum Vorlesen und Angucken eignet, sondern auch von kleinen Leseanfängern selbst gelesen werden kann. Dazu wird die Geschichte durch viele bunte Bilder verdeutlicht.

Ein (Vor-)Lesespaß für nur

16.80

wochen kurier
Frankfurter Straße 90
5800 Hagen 1
Tel. (02331) 1 40 06

(i) At which age-group is this advertisement directed?
(ii) What story is told in the book?
(iii) How is the story made more interesting and easier to understand?

16.

> **Gleich anfordern!**
> **GRATIS Musik-Katalog**
> Die schönste Musik für die ganze Familie
> **Super-stark:** CDs, MCs, LPs, Maxis, T-Shirts, Videos und Singles schon ab **49** Pfg.
> Das Beste unseres Jahrhunderts in 37.000 Top-MARKEN-Produkte-RIESENAUSWAHL jeden Monat neu! Von Klassik über Volksmusik bis superheißer Pop/Rock/Disco und neuesten Hits von morgen:
> **Musik unendlich für Millionen!**
> Immer kostenlos u. unverbindlich. Kein Club, keine Kaufpflicht! Aber immer bestens informiert bei Dauer-TIEFST-Preisen! Einfach s o f o r t Postkarte mit deutlicher Adresse an:
> **DISC Center**
> Abt. 4 · Postfach 1000 · W-6992 Weikersheim
> Europas größtes Musik-Privatversandhaus
> No.1 in music!

(i) What types of music are covered in the catalogue?
(ii) How cheap is the cheapest item?
(iii) How often does the catalogue appear?

17.

> **➤ Sprachkurse**
> in England, Irland, USA, Kanada, Australien, Italien, Frankreich, Spanien, Malta
> • Intensiv- und Feriensprachkurse für Erwachsene
> • Langzeit- und Examenskurse
> • Schülersprachreisen
> • High-School-Jahr in den USA, Frankreich und Australien
>
> *— the 'isi' way —*
>
> **iSi Sprachreisen**
> Auskünfte und Broschüren:
> **ESI Sprach- und Studienreisen,**
> Hauptstraße 116
> 5483 Bad Neuenahr, Tel. 0 26 41 / 23 31

(i) In which countries are language courses offered?
(ii) What groups might be interested in the language courses?

18.

EIN T-SHIRT IN ZEHN FARBEN

Egal, was Mode ist: Das klassische T-Shirt bleibt! Es ist einfach zu praktisch – und es wird immer besser: hier aus edel glänzender – Baumwolle mit einem schönen runden Halsausschnitt, der eine Ziernaht hat. Für 25 Mark, in Rot, Grau, Schwarz, Braun, Zimt, Blau, Türkisgrün, Weiß, Beige und Aprikot. Den Minirock können Sie für 35 Mark bestellen, die Radlerhosen für 29, 50 Mark, beides aus 92% Baumwolle 8% Lycra, nur in Schwarz oder Weiß. Alles in Gr. 36 bis 44 per Nachnahme plus Porto bei: Pluspunkt, Postfach, 2000 Hamburg.

(i) Why does the T-shirt retain its popularity, according to this advertisement?
(ii) In which colours are the T-shirts available?
(iii) What other items are also available?

19.

Der Dankernsee: über 2,000m herrlicher Sandstrand, Baden, Bootsverleih für Tretboote und Wasserfahrräder, Windsurfen mit Windsurfschule und eine Wasserskianlage mit einem 800m Rundkurs.

Mehrere Restaurants in denen zu Mittag und Abend gegessen werden kann, der Schlossgrill, ein gut sortierter Selbstbedienugsladen und eine vollautomatische Kegelbahn sind ebenfalls Einrichtungen des Ferienzentrums.

Für den Schulunterricht stehen mehrere eingerichtete Gruppenräume zur Verfügung. Turnhallen und sonstige schulische Einrichtungen der Stadt Haren können in Vereinbarung mit dem Schulträger benutzt werden. Für das Hallen-bzw. Wellenfreibad der Stadt gibt es verbilligte Eintrittskarten im Ferienzentrum.

Bettwäsche, Hand- und Trokkentücher sind mitzubringen - Schlafsäcke sind gestattet.

(i) What sports activities are on offer at Lake Dankern?
(ii) What other attractions does the holiday centre offer?
(iii) What facilities are available to school groups?

20.

Preisgünstige Kurztrips

pb Wochenendfahrten ans Meer werden bei uns auch in den kalten Wintermonaten immer beliebter. Viele Urlaubshungrige fahren von Freitag bis Sonntag nach Holland, Belgien oder Dänemark, um — trotz des im Winter oft nasskalten Wetters - die frische und ozonhaltige Luft zu tanken, die zu Hause fehlt.

Ein paar Veranstalter haben sich auf dieses neue Reiseverhalten eingestellt. Sie vermieten neuerdings urgemütliche Bungalows an der Küste, die bei voller Auslastung oft sehr preisgünstig sind. Daneben nutzen immer mehr Touristen Pauschalangebote für Freizeitbäder mit Übernachtung, die man in Holland und Belgien häufig vorfindet.

(i) What does this short article promote?
(ii) What time of the year is recommended?
(iii) Which countries are mentioned?

D   SCHOOL LANGUAGE

1.

(i) Your teacher wants silence in the class. Which of the following would he/she say?
- (a) Lass mich in Ruhe!
- (b) Ruhe, bitte!
- (c) Schaut her!
- (d) Steh auf!

☐ b

(ii) You would like your teacher to write a new word on the board. What do you say?
- (a) Können Sie das wiederholen?
- (b) Haben wir die Hausaufgabe für Dienstag auf?
- (c) Schreibe das in dein Heft!
- (d) Können Sie das bitte für uns schreiben?

☐ d

(iii) When the pupils all answer together, what does the teacher say?
- (a) Wisch die Tafel ab!
- (b) Zeigt auf!
- (c) Setzt euch hin!
- (d) Fehlt jemand?

☐ b

2.

(i) The teacher wants one pupil to get the cassette recorder. What does he/she say?
- (a) Wo ist die Kassette?
- (b) Holt den Kassettenrekorder, bitte!
- (c) Hol das Tonbandgerät!
- (d) Hol den Kassettenrekorder, bitte

☐ d

(ii) You have left your copy at home. What do you say to your teacher?
- (a) Dein Heft liegt zu Haus.
- (b) Ich habe mein Heft verbrannt.
- (c) Ich habe mein Heft verloren.
- (d) Ich habe mein Heft zu Hause liegenlassen.

☐

55

(iii) When the teacher wants a pupil to hurry up, what does he/she say?

(a) Beeil dich!

(b) Pass auf!

(c) Benimm dich!

(d) Langsam! ☐

3.

(i) The teacher wants the class to do Exercise 6. What does he/she say?

(a) Für morgen macht ihr bitte Übung 6!

(b) Mach Übung 6!

(c) Morgen macht ihr Übung 6!

(d) Übung 6 ist leicht. ☐

(ii) You want the teacher to spell a word. What do you ask?

(a) Buchstabier das!

(b) Wie schreibt man das Wort?

(c) Können Sie das erklären?

(d) Wie sagt man das? ☐

(iii) Two pupils are talking at the back of the class. What does the teacher say to them?

(a) Hör auf!

(b) Sprechen Sie Deutsch?

(c) Dreht euch um!

(d) Hört auf zu reden! ☐

4.

(i) The teacher wants a pupil to switch off the light. What does he/she say?

(a) Mach bitte das Licht aus!

(b) Wo ist der Lichtschalter?

(c) Würden Sie bitte das Licht anmachen?

(d) Die Lampe ist aus. ☐

(ii) A pupil has a headache. What does he/she say?
  (a) Ich habe Kopfschmerzen.
  (b) Ich habe Magenschmerzen.
  (c) Ich habe Halsschmerzen.
  (d) Mein Kopf ist durcheinander.

(iii) The teacher tells a pupil to turn around. What does he/she say?
  (a) Du sollst nicht gleich durchdrehen.
  (b) Blätter um!
  (c) Guck nach hinten!
  (d) Dreh dich um!

5.
(i) A group of pupils are engaged in some messing. The teacher wants to tell them to stop. What does he/she say?
  (a) Hört bitte zu!
  (b) Hör das an!
  (c) Hört damit auf!
  (d) Pass auf!

(ii) A pupil is late for school. What excuse does he/she give?
  (a) Ich war rechtzeitig hier.
  (b) Der Bus war ziemlich voll.
  (c) Ich fühle mich nicht wohl.
  (d) Der Bus hatte Verspätung.

(iii) The teacher wants the pupils to form groups for group-work. What does he/she say?
  (a) Bildet Gruppen!
  (b) Nennt mir eure Lieblingsgruppen.
  (c) Geh zu deiner Gruppe.
  (d) Wie nennen wir die Gruppe?

6.

(i) The teacher wants to know if there is somebody absent. What does he/she ask?

   (a) Wer ist dran?

   (b) Wer hat Tiere zu Haus?

   (c) Morgen seid ihr zu Haus.

   (d) Fehlt jemand?

(ii) A pupil wants to know the plural form of a word. What does he/she ask?

   (a) Was ist die Mehrzahl?

   (b) Wie groß ist die Mehrheit?

   (c) Wissen Sie mehr darüber?

   (d) Wieviel macht das?

(iii) A teacher wants a pupil to help him/her. What does he/she say?

   (a) Es wäre mir eine große Hilfe, wenn du deutlicher schreiben würdest.

   (b) Würdest du bitte aufhören!

   (c) Kannst du mir dein Heft zeigen?

   (d) Kannst du mir helfen, bitte?

7.

(i) The teacher wants the pupils to answer together. What does he/she say?

   (a) Zusammen, bitte.

   (b) Alles umsonst.

   (c) Jeder für sich.

   (d) Alles in Ordnung.

(ii) A pupil wants to know when the next test is. What does he/she say?

   (a) Wann bekommen wir die Arbeit zurück?

   (b) Wann schreiben wir eine Arbeit?

   (c) Für wann ist der Aufsatz?

   (d) Wann fängt das Abitur an?

(iii) **The teacher wants two pupils to sit at the front of the class. What does he/she say?**
   (a) Setzen Sie sich dahin!
   (b) Setz dich hinten hin!
   (c) Bleibt da sitzen!
   (d) Setzt euch hier vorne hin!

8.
(i) **The teacher wants a pupil to close the curtains. What does he/she say?**
   (a) Macht bitte die Hefte zu!
   (b) Macht bitte das Gerät aus!
   (c) Schließt die Fenster!
   (d) Kannst du bitte die Vorhänge zumachen!

(ii) **A pupil wants to know where Ulm is. What does he/she ask?**
   (a) Ulm ist in Süddeutschland.
   (b) Wer kommt aus Ulm?
   (c) Woher kommt der Name Ulm?
   (d) Wo liegt Ulm?

(iii) **The teacher wants to know if a pupil has a dictionary. What does he/she ask?**
   (a) Hast du das Wort gefunden?
   (b) Hast du ein Wörterbuch?
   (c) Hast du im Wörterverzeichnis nachgeschlagen?
   (d) Hast du einen deutschen Roman zu Hause?

9.
(i) **The teacher wants the pupils to learn a poem by heart. What does he/she say?**
   (a) Lernt ihr Lieder gern?
   (b) Hast du das Gedicht gelernt?
   (c) Lernt die Wörter für morgen!
   (d) Lernt das Gedicht auswendig!

(ii) A pupil wants to know the future tense of a verb. What does he/she say?
- (a) Wie bildet man die Zukunftsform ?
- (b) Wie ist die Vergangenheitsform?
- (c) Wie bildet man das Imperfekt?
- (d) Was sagt man im Plural?

(iii) A teacher threatens to notify a pupil's parents about his/her failure to do homework. What does he/she say?
- (a) Ich fürchte, ich muß deine Eltern benachrichtigen.
- (b) Deine Eltern sind jederzeit willkommen.
- (c) Deine Eltern werden enttäuscht sein.
- (d) Ich kenne deine Eltern.

10.

(i) A teacher threatens to make a pupil stay in during the break. What does he/she say?
- (a) In der Pause geht ihr an die frische Luft!
- (b) Kannst du in der Mittagspause die Hefte holen?
- (c) Du mußt die Pausen genießen!
- (d) In der Mittagspause bleibst du in deinem Klassenzimmer!

(ii) A pupil wants to sharpen his/her pencil. What does he/she say?
- (a) Kann ich bitte meinen Kugelschreiber zurückhaben?
- (b) Darf ich meinen Bleistift holen, bitte?
- (c) Soll ich mit dem Bleistift schreiben?
- (d) Darf ich bitte meinen Bleistift anspitzen?

(iii) The teacher finds an eraser on the floor and wants to know to whom it belongs. What does he/she ask?
- (a) Wem gehört dieser Radiergummi?
- (b) Hat jemand diesen Füller verloren?
- (c) Wer hat einen Farbstift gefunden?
- (d) Hat jemand einen Kaugummi verloren?

11.

(i) The teacher wants the pupils to write down what is on the board. What does he/she say?

(a) Schreibt das bitte auf!

(b) Schreib deutlich!

(c) Ihr sollt nicht abschreiben!

(d) Wie schreibt man das?

(ii) The pupils want the teacher to try to get pen-pals. What do they say?

(a) Wann bekommen wir Brieffreunde?

(b) Kannst du einen Brieffreund für mich finden?

(c) Können Sie Brieffreunde für die Klasse organisieren?

(d) Würden Sie bitte einen Brief an meinen Brieffreund schreiben?

(iii) The teacher wants to find out who is interested in a student exchange. What does he/she say?

(a) Wer von euch war schon mal im Ausland?

(b) Interessiert sich jemand für einen Briefwechsel mit deutschen Schülern?

(c) Wer hat Interesse an einem Schüleraustausch?

(d) Nächstes Jahr fliegen wir nach Deutschland.

12.

(i) The teacher asks the class if they want to learn a German song. What does he/she say?

(a) Kennt jemand ein deutsches Lied?

(b) Magst du Lieder?

(c) Hättet ihr Lust, ein Lied zu komponieren?

(d) Wollt ihr ein deutsches Lied lernen?

(ii) A pupil wants to know if grammar is very important. What does he/she ask?

(a) Warum lernen wir Grammatik?

(b) Ist Grammatik leicht?

(c) Warum ist die Grammatik so kompliziert?

(d) Ist die Grammatik sehr wichtig?

(iii) **The teacher tells the class to write to the German Embassy for information about Germany. What does he/she say?**
   (a) Heute abend schreibt ihr an die Deutsche Welle.
   (b) Schreib einen Brief an die Deutsch-Irische Gesellschaft!
   (c) Schreibt einen Brief an den Bundestag!
   (d) Schreibt einen Brief an die deutsche Botschaft!

13.

(i) **The teacher wants a pupil to get a map of Germany. What does he/she say?**
   (a) Kannst du bitte meine Mappe ins Lehrerzimmer bringen?
   (b) Hast du die Flugkarten schon?
   (c) Könnt ihr deutsche Spielkarten besorgen?
   (d) Kannst du bitte die Landkarte von Deutschland holen?

(ii) **A pupil wants to know the population of Austria. What does he/she ask?**
   (a) Wohnen viele Österreicher hier?
   (b) Wie groß ist Österreich?
   (c) Wie heißt die Währung Österreichs?
   (d) Wie viele Einwohner hat Österreich?

(iii) **The teacher wants to know how many mistakes a pupil had in an exercise. What does he/she ask?**
   (a) Na, wie viele Fehler hattest du?
   (b) Wie viele Wörter hast du geschrieben?
   (c) Wie oft hast du das Wort falsch geschrieben?
   (d) Wie lange hast du für die Übung gebraucht?

14.

(i) **The teacher wishes his/her pupils a nice weekend. What does he/she say?**
   (a) Schönes Wochenende!
   (b) Wie war das Wochenende?
   (c) Habt ihr euch am Wochenende amüsiert?
   (d) Lernt mal fleißig übers Wochenende!

(ii) A pupil finds something very complicated. What does he/she say?

    (a) Du verkomplizierst alles!

    (b) Vielleicht gibt es Komplikationen.

    (c) Das finde ich einfach.

    (d) Das ist aber kompliziert!

(iii) The teacher wants a pupil to complete a sentence. What does he/she say?

    (a) Setz das fehlende Wort ein!

    (b) Was für ein Wort ist das?

    (c) Wie schreibt man das Wort?

    (d) Setz ein anderes Wort ein!

15.

(i) The teacher wants to know if the pupils have any questions. What does he/she say/ask?

    (a) Wie lautet die Antwort?

    (b) Frag mal!

    (c) Beantworte die Frage!

    (d) Habt ihr irgendwelche Fragen?

(ii) A pupil wants to know if he/she might copy the teacher's tape. What does he/she ask?

    (a) Gib mir die Kassette zum Kopieren!

    (b) Ich spiele die Kassette zu Hause.

    (c) Haben Sie die Kassette schon kopiert?

    (d) Darf ich bitte die Kassette kopieren?

(iii) A teacher is playing a tape and wants to know if the pupils are ready. What does he/she ask?

    (a) Genug?

    (b) Zufrieden?

    (c) Fertig?

    (d) Zusammen?

16.

(i) **The teacher wants to know if the pupils at the back are able to hear the tape properly. What does he/she ask?**
   (a) Würdet ihr bitte zuhören!
   (b) Könnt ihr nicht aufpassen?
   (c) Könnt ihr da hinten hören?
   (d) Könnt ihr das bitte später anhören?

(ii) **A pupil has been asked by another pupil what the teacher said, but he/she does not know. What does he/she reply?**
   (a) Keine Ahnung.
   (b) Ich kenne ihn nicht.
   (c) Ich weiß Bescheid.
   (d) Er hat mich gar nicht informiert.

(iii) **The teacher hears whispering and wants to know who is doing it. What does he/she say/ask?**
   (a) Wer hat geflüstert?
   (b) Wer hat geschnarcht?
   (c) Wer hat gelacht?
   (d) Wer hat das Geräusch gemacht?

17.

(i) **The teacher wants a pupil to make a greater effort. What does he/she say?**
   (a) Du musst dich mehr anstrengen.
   (b) Das ist für dich zu anstrengend.
   (c) Du bist aber fleißig!
   (d) Immer mit der Ruhe!

(ii) **A pupil wants to know if there will be an oral examination. What does he/she ask?**
   (a) Müssen wir eine Hörverständnisprobe machen?
   (b) Wie ist meine Aussprache?
   (c) Dürfen wir reden?
   (d) Machen wir auch eine mündliche Prüfung?

(iii) **The teacher wants to know if any of the pupils is good at drawing. What does he/she ask?**
   (a) Kann einer von euch ein paar Bilder mitbringen?
   (b) Wer kann gut schauspielern?
   (c) Kann jemand hier gut zeichnen?
   (d) Wer hat die Bilder gemalt?

18.

(i) **The teacher wants a pupil to tell the truth. What does he/she say?**
   (a) Sag die Wahrheit!
   (b) Du bist ehrlich.
   (c) Es stimmt.
   (d) Sag's noch mal!

(ii) **A pupil wants to borrow another pupil's ruler. What does he/she say?**
   (a) Hast du einen Kaugummi für mich?
   (b) Kannst du mir dein Lineal geben?
   (c) Kann ich bitte deinen Radiergummi haben?
   (d) Gibst du mir bitte deinen Stift?

(iii) **The teacher wants the class to have an essay written by Friday. What does he/she say?**
   (a) Ich habe die Aufsätze bis Freitag korrigiert.
   (b) Am Freitag bekommt ihr die Aufsätze zurück.
   (c) Freitags schreiben wir immer eine Arbeit.
   (d) Ihr müsst den Aufsatz bis Freitag fertig haben!

19.

(i) **The teacher wants to find out who scribbled in another pupil's copy. What does he/she ask?**
   (a) Wer hat das Heft bekritzelt?
   (b) Wer macht eine Kopie davon?
   (c) Soll ich deinen Namen ins Klassenbuch schreiben?
   (d) Wer hat das Gedicht geschrieben?

(ii) **A pupil asks the class if anyone has seen his/her pencil case. What does he/she ask?**

    (a) Hat jemand meinen Füller gesehen?

    (b) Ist mein Bleistift unter deinem Tisch?

    (c) Hat jemand mein Etui gesehen?

    (d) Habt ihr meinen Stift geklaut?

(iii) **The teacher wants a timetable. What does he/she ask?**

    (a) Habt ihr ein Bild von einem Fahrplan?

    (b) Wissen Sie, was wir nach der Pause machen?

    (c) Hat einer von euch einen Stundenplan?

    (d) Hat einer von euch die richtige Uhrzeit?

20.

(i) **The teacher tells a pupil to count the number of mistakes the pupil has made in an exercise. What does he/she say?**

    (a) Würdest du bitte die Fehler verbessern!

    (b) Sie haben keine Fehler gemacht.

    (c) Hast du irgendeinen Fehler gefunden?

    (d) Zähl die Fehler nach!

(ii) **A pupil wants to know where he/she went wrong in a translation. What does he/she ask?**

    (a) Muss ich die Übersetzung noch mal machen?

    (b) Was habe ich bei der Übersetzung falsch gemacht?

    (c) Wieso haben Sie meinen Aufsatz nicht benotet?

    (d) Wie heißt das auf Englisch?

(iii) **A teacher wants volunteers for a radio play as part of a competition. What does he/she say?**

    (a) So, ihr nehmt alle an dem Theaterstück teil!

    (b) Wer hätte Lust, an einem Hörspiel mitzuwirken?

    (c) Wollt ihr ein deutsches Theaterstück üben?

    (d) Sollen wir ins Theater gehen?

Section E

Short Advertisements and Notices

Note

The questions in this section are straightforward so just be careful that you insert the answer in the proper place on the grid.

Note that in some instances it is not necessary to fill in all the boxes on the grid.

E — SHORT ADVERTISEMENTS AND NOTICES

1. Read the tuition notices below and then fill in the information required on the grid following the notices:

SCHULPROBLEME?
Warten Sie nicht auf die „5" im Zwischenzeugnis - lassen Sie Ihrem Kind jetzt gezielte Nachhilfe geben! Alle Fächer. Alle Altersgruppen.
Mo. - Fr. 15.00 - 18.00 Uhr
* Minigruppen und Einzeltraining
* kostenloser Probeunterricht!

Wer erteilt Nachhilfe in Mathematik, 9. u. 10. Schuljahr? Zahle 20 DM/Stunde. Di. oder Fr. Zuschriften an Postfach 104, Frankfurt

---

Mathematik-Physik-Chemie.
Privatunterricht für Schüler und Studenten, Abiturvorbereitung, nur Einzelunterricht. 25 DM/Stunde. Do./Fr./Sa. 16.00 - 20.00 Uhr.
Tel. 3 28 43

	Looking for or offering	Subject(s)	When?	Details
1				
2				
3				

69

2. **Read the following advertisements for houses and then fill out the grid below:**

> **Naturfreunde:** 1-Familien-Doppelhaus, großer Garten, Grundstück ca. 1600 m² in grüner Lage. Wohnfläche ca. 100 m², modernes Bad, neue Fenster, Heizung, sofort frei. KP 312 000.- DM.

> **Sofort frei!** Bungalow in sonniger Lage, 1-Familienhaus, Wohnfläche 140 m², großes Wohnzimmer, Terrasse, Schwimmbad, ruhige, gute Wohnlage. Garten 600 m². Vollkeller. Kaufpreis 455 000.- DM.

> **Freistehendes 2-Fam-Haus,** Wohnfläche 230 m² ab Juni frei, Schwimmbad, Sauna, 2 Garagen, sonniges Grundstück 650 m², gute Autobahnverbindung, 680 000.- DM.

	Type of house	Size	When available?	Facilities	Price
1					
2					
3					

3. Read the lost and found notices below and then fill out the grid:

VERLOREN/GEFUNDEN
Brille am 9.12. in der Reinoldistr. verloren. Belohnung für den Finder! Rahmen schwarz. Tel. 23 33 44

Handtasche am 9.12. im Bus 507 gefunden. 3 Taschenbücher, Schlüssel u. Geld. Leder, braun. Tel. 25 45 46

Kl. Kätzchen, schw./weiß/rot am 12.12. in Hagen, Boelestr. 1 entlaufen. Belohnung

	Lost or found?	What?	Where?	When?	Details/Description
1					
2					
3					

71

4. Read the requests for pen-pals below and then fill out the grid as required:

> **Hallo, Leute!** Ich bin Fisch. Ich suche Brieffreunde aus Deutschland und Österreich. Wer hat Lust, mir zu schreiben? Ich bin 18 Jahre alt, und meine Hobbys sind: Sport, Disco und Autofahren. Schreibt bitte an Kai-Uwe Wenk.

> **Hallo, Jungs!** Habt ihr Lust, einem 15jährigen Mädchen (Schütze) zu schreiben? Ihr solltet zwischen 15 und ? sein. Meine Hobbys: Disco, Schwimmen, Reisen und Briefe schreiben. Schreibt möglichst mit Foto an: Katharina Nakova.

> **Hi Girls!** Wollt ihr einem 16jährigen Wassermann Boy schreiben? Dann solltet ihr zwischen 15 und 17 Jahre alt sein und ein Foto beilegen. Alle Länder. Meine Hobbys sind: Schreiben, Computer, Disco und Kino. Schreibt bitte an: Hannes Wader.

	Starsign?	Age sought	Looking for boys or girls?	Countries	Hobbies?
1					
2					
3					

5. Read the tuition advertisements below and then fill in the information on the grid:

Musikunterricht, der Spaß macht.
Klavier, Keyboard, Orgel. 1. Std. gratis.
Komme ins Haus. 20 DM Std.
Tel. 88 99 35

Sprachkurse, Französisch, Englisch, Italienisch, Vorbereitung bis zum Abi. Kl. Gruppen, tägl. Neubeginn. Einzelunterricht auch möglich. Mindestdauer: 10 Wochen. Gebühren: 120 DM, Einzelunterricht 250 DM.
Tel. 2 51 00

Maschinenschreiben und Steno in 3 Wochen. Lernen Sie Machinenschreiben und Stenografie in nur 3 Wochen. 2 Stunden Intensivtraining jeden Tag, Mo.-Fr. 800,- DM. Tel. 2 33 44

	Type of tuition?	Individual/Group?	Cost?	Duration?	Other details?
1					
2					
3					

73

6. **Read the animal notices below and then fill in the information required on the grid:**

> **Gefunden:** Rot-goldener Retriever-Mischling (Schulterhöhe 65 cm, weiße Stellen an Brust und Pfoten, etwa 3 Jahre alt). Gefunden an der Autobahn Dortmund-Unna. Das Tier war sehr abgemagert. Information bitte an: Marianne Koch

> **Gestohlen:** Die 6jährige Schäferhündin „Juni" wurde am 10.5. gestohlen. Schwarz, braun-gelb. Eine Pfote mit ein bisschen Weiß. Hinweise bitte an Theo Jauch. Belohnung!

> **Mischling.** In Dortmund-Marten ging der zweijährige „Tommy" am 24.3. verloren (mittelgroß, grau-braun, sehr ängstlich). Trägt ein gelbes Halsband. Belohnung! Hinweise bitte an: Georg Martin

	What happened?	Where?	When?	Reward?	Details/Description?
1					
2					
3					

74

7. **Read the requests for pen-pals below and then fill in the information in the grid:**

> **Einsamer Fisch sucht Girls**, die mit Fotos an mich schreiben. Hobbys: Musik, Lesen, Partys, Motorrad. Wenn ihr zwischen 13 und ? seid, dann schreibt schnell an Markus Hase.

> Hallo Boys and Girls! Ich, Wassermann, bin 11 und suche Brieffreunde/innen aus ganz Deutschland, der Schweiz und Frankreich. Hobbys: Reiten, Kino, Stricken, Tiere. Wenn ihr zwischen 10 und 12 seid, schreibt wenn möglich mit Foto an: Nadine Kesselflicker.

> Gutaussehender Löwe sucht Brieffreundinnen im Alter von 14 bis 16. Hobbys: Briefe schreiben, Flugzeugmodelle bauen, Tischtennis, Briefmarken sammeln. Wenn ihr Lust habt, schreibt bitte an: Stefan Eggert.

	Star-sign?	Age sought	Boys/Girls?	Hobbies?	Countries?
1					
2					
3					

75

8. **Read the advertisements below and then fill in the information on the grid:**

Tiere und Urlaub
Fereinwohnung mit Herz, für Mensch und Tier. In ländlicher Abgeschiedenheit können Sie in freier ungestörter Natur einen unvergesslichen Urlaub verbringen. Acht Ferienwohnungen. Voll- und Halbpension.

Private Katzen- und Hundepension, maximal 8 Katzen und 6 Hunde. Großes, eingezäuntes Grundstück. Familienanschluss zugesichert. DM 100.-/Woche.

Urlaub mit Hund, priv., nicht saisongebunden. Gesunde Luft, gute Wandermöglichkeiten. Zim.(12) mit Heizung, k. und w. Wasser, mit Frühst. pro Person DM 20.-. Tel. 21 31 42

	Type of animals?	Animals only?	No. of places?	Cost?	Facilities?
1					
2					
3					

9. **Read the following advertisements for young people and then fill in the grid below:**

AU PAIR IN AMERIKA
12monatiger Aufenthalt 18- bis 25jährige Frauen mit Erfahrung in der Betreuung von Kindern und mit Führerschein Kl. 3 Vergütung: $400 pro Monat Taschengeld, freie Unterkunft und Verpflegung, Hin- und Rückflugticket Frankfurt-New York. 2 Wochen bezahlter Urlaub. Krankenversicherung.

FAMILY COMPANION USA
10wöchiger Au-Pair-Aufenthalt für weibliche Teilnehmer zwischen 18 und 24 Jahren mit Erfahrung in der Betreuung von (Klein)Kindern. Ausreise nur im Juni. Vergütung: Freiflug ab/bis London in die USA, Taschengeld, freie Unterkunft und Verpflegung. Kosten DM 350.-.

CAMP COUNSELOR USA
Sommerjobs als Jugendbetreuer/in in einem US Feriencamp für Teilnehmer zwischen 18 und 24 Jahren. Erfahrung in der Kinder-/Jugendbetreuung erwünscht. Leistungen für alle Programme: Flug, freie Unterkunft und Verpflegung, Taschengeld und vieles mehr.

	Doing what?	For how long?	Requirements?	Payment?	Other benefits?
1					
2					
3					

10. **Read the holiday advertisements below and then fill in the information on the grid:**

SONDERANGEBOT FÜR SCHNELLE ENTSCHEIDER
　　　　　　　　ab 30./5. - 1./9.
Hotel WISNAAR an Hollands Nordseeküste, in unmittelbarer Nähe vom Wald, Dünen und Strand. 10 Autominuten von Den Haag. Modernes und gastfreundliches Haus mit Restaurant und Bar. Zi./Bad/Toilette/Radio/TV/Tel./Minibar/Balkon und Privatparkpl. Gute Möglichkeiten zum Radeln, Wandern, Reiten, Fahrradverleih.
Eine Woche HALBPENSION nur DM 550.- per Person.

CAMPINGPLATZ STRANDBAD OOSTAPPEN
für Zelt, Wohnwagen, Mobilh. dir. am Waldsee. Baden, Schwimmen, Surfing! Stellplatz + Elektr./Wasser/zentraler Antennenanschluss. Großes Unterhaltungsprogramm auch für die Kleinen

---

HOTEL NORDZEE   DIREKT AM MEER   DE BURGHT
NEU: LUX. ZIMMER, Bad/WC/ Tel./ TV. Lift. Dir. am Nordseestrand.
Vollpension: DM 1000,— pro Person.

	Type of holiday?	Cost?	Facilities?	Other facilities nearby?	Location?
1					
2					
3					

11. Read the requests for pen-pals below and then fill in the information on the grid:

> **Ich (13),** Stier, suche dringend nette Teenager aus ganz Europa zwischen 13 und 15. Meine Hobbys sind Reiten, Musik, Schwimmen. Ich möchte euch auch besuchen. Schreibt bitte in Deutsch und mit Foto an Gerd Bauer.

> **Steinbock,** 14, männlichen Geschlechts, möchte, dass ihm Mädchen im Alter von 13-15 schnell schreiben. Hobbys: Kegeln, Malen, Zeichnen, Geige, Computer. Schreibt bitte in Deutsch oder Englisch. Würde mich besonders über Briefe aus Schottland und Irland freuen. An: Thomas Lübke

> **Hallo!** Wenn du zwischen 13 und 16 bist und eine Brieffreundin suchst, schreib an mich (13), Löwe, — wenn möglich mit Foto — in Deutsch oder Französisch, an Daniela Zewitsch.

	Star-sign?	Age sought	Boys or Girls?	Countries?	Hobbies?
1					
2					
3					

12. Read the announcements below and then fill in the information as required on the grid:

Für uns gibt's heute noch einen Grund zu feiern: denn wir
HEIKE FISCHER & MICHAEL SCHANZE
geben uns um 10.00 Uhr im Standesamt Hagen das Jawort, und am 3.1. um 15.00 Uhr werden wir in der Kapelle „Zum Guten Hirten" kirchlich getraut.

Märchenhaftes
Es waren einmal eine leidenschaftliche Tänzerin und ein liebenswerter Rock 'n Roller, und wenn sie nicht gestorben sind, dann verloben sie sich heute.
Cornelia Strauch   Frank Bruno
Hemer/ Herdecke - Silvester 1991

Sara *28.12.1991
Über die Geburt ihres ersten Kindes freuen sich die glücklichen Eltern Sabine Treige u. Jörg Ulrich, Berlinerstraße, 5600 Dortmund. Unser besonderer Dank gilt dem Entbindungsteam der Frauenklinik Dortmund.

	Occasion?	Date?	Place?	Other details?
1				
2				
3				

13. Read the details of the itinerary of a tour given below and then fill in the information required on the grid:

Dienstag: der Vormittag steht zur freien Verfügung. Am Nachmittag unternehmen wir einen Ausflug zum Königssee. Dabei besteht die Möglichkeit zu einer Schiffsfahrt nach St. Bartholomä am Fuße des Watzmanns.

Mittwoch: Am Vormittag steht eine geführte Wanderung auf dem Programm. Es geht durch das herrliche Voralpengebiet des Högl. Zur Stärkung gibt es abschließend eine Brotzeit. Den Nachmittag haben Sie zur freien Verfügung.

Freitag: Wir machen einen Tagesausflug zum Chiemsee. Dabei haben Sie Gelegenheit, ab Prien mit dem Schiff zur Herreninsel zu fahren und eines der schönsten Königsschlösser Deutschlands zu besichtigen.

	Day?	Forenoon?	Afternoon?	Activities?
1				
2				
3				

14. Read the advertisements below and then fill in the information required on the grid:

> **Verkaufe 18"** Mädchenfahrrad m. Licht, rosa, 1 1/2 Jahre alt, neue Reifen 110 DM. Weihnachtsgeschenk. Tel. 67 68 65

> **Biete 1 alte Standuhr,** ca. 1910, neuwertig, dunkle Eiche. Reparaturbedürftig. VB 1000 DM. Tel. 56 45 63

> **Suche alte Silbermünzen** aus dem 18. Jh. Goldmünzen. In- und Ausland. Nur beste Qualität. Tel. 99 88 67

	Buying or Selling?	What?	Age?	Details?
1				
2				
3				

15. Read the advertisements for watches below and then fill in the information required on the grid:

Die Damenuhr 220, 2-farbig, Datum und Sekundenanzeiger, wasserdicht. Ein besonderes Geschenk. 3 Jahre Garantie. Nur 98,-

Die Herrenuhr 240, 4-farbig, Tag, Datum und Sekundenanzeiger, Mineralglas, wasserdicht. Batterien extra. Nur 108,-

Herrenuhr 260, besonders ganggenau, Tag, Datum, Edelstahlband oder Lederband, wasserdicht. Lassen Sie Ihren Namen kostenlos eingravieren. Nur 199,— inkl. Batterie.

	Ladies or Gents?	Colour?	Displays?	Price?	Extras?
1					
2					
3					

16. Read the advertisements below and then fill in the information as required on the grid:

KANADA
12 oder 24 Monate Aufenthalt bei kanadischen Familien für junge Frauen ab 19 Jahre - keine Altersbegrenzung nach oben - mit Erfahrung in der Kinderbetreuung und Haushaltsführung. Vergütung Can $ 850 brutto.
Kosten: DM 65,- Bearbeitungsgebühr. DM 450,- für Visagebühren, Arbeitsgenehmigung, ärztliche Untersuchung. DM 1600,- Flugkosten für Hin- und Rückflug Frankfurt-Kanada.

HIGH-SCHOOL BESUCH USA
Fünf- oder 10monatiger Aufenthalt für Schüler zwischen 15 und 18 Jahren ab August. Unterbringung bei aufgeschlossenen Gastfamilien mit Besuch der lokalen High School. Gebühren DM 7500,- für das fünfmonatige Programm, DM 8500,- für 10 Monate inklusive Linienflugticket, dreitägiges Vorbereitungsseminar in New York und Betreuung in den USA.

10 JAHRE SPRACHREISEN
Meine Frau, unser Team und ich betreuen seit 10 Jahren Schüler von 11-19 J. in England, Irland und den USA. Wir organisieren auch Sprachreisen für Erwachsene. Fremdsprachen: Englisch, Französisch, Spanisch, Deutsch. Fordern Sie kostenlose Information bei: Wienert Sprachreisen.

	What is being offered?	Country/ies?	Cost?	Age group(s)?	Duration?
1					
2					
3					

17. Read the following advertisements for houses/apartments and then fill in the information required on the grid below:

Freistehender Bungalow
Iserlohn, ruhige Wohnlage, Neubau, 124 m² Wohnfläche, 59 m² Keller, 374 650,- DM incl. 377 m² Grundstück mit Terrasse und Garage. Sof. frei.

Dortmund-Berghofen, 1 Fam. Reihenhaus, Baujahr '76, 350 m² Grundstück, 160 m² Wohnfläche. Terrasse, Garage, Dachausbau möglich, kurzfristig frei, f. 420 000 DM zu verkaufen.

Hagen-Mitte: freistehendes Wohnhaus, 200 m² Wohnfläche, 980 m² Grundstück. Voll unterkellert. Terrasse, Schwimmbad, Sauna, Garage. Ab Juni zu vermieten.

	For sale or rent?	Where?	Size of house?	Other facilities?	When available?
1					
2					
3					

18. Read the advertisements for part-time jobs below and then fill in the information required on the grid:

Achtung!!! An alle Hausfrauen/-männer und Studenten. Tätigkeit: Salate zubereiten, Überwachen von Koch- und Backvorgängen. Sie erhalten das nötige Training an Ort und Stelle. Arbeitszeiten nach Vereinbarung 1-2 x die Woche 11-15 oder 17-24 Uhr.

Kinderliebe, zuverlässige Frau für Hausarbeit (Putzen, Wäsche) ges., ca. 5 Std. wöchentl. (morgens oder nachmittags) 10,- DM/Std.

Schüler/-in gesucht, die meinen Hund täglich 1 Std. pflegt. Mo.-Fr. jeweils gegen 14 Uhr. Stadtmitte. 8,- DM /Std.

	Type of work?	Aimed at whom?	Working-hours?	Money?	Other details?
1					
2					
3					

19. Read the tour information below and then fill in the information required on the grid below:

29.12.
Abfahrt morgens über die Autobahn nach Berlin. Hotel. Verteilung der Zimmer, anschließend Freizeit. Nachmittag zur freien Verfügung. Am Abend Gelegenheit zu einer Lichterrundfahrt durch das weihnachtlich geschmückte Berlin (Extrakosten 20,- DM)

30.12.
Frühstück vom Buffet. Anschließend geführte Stadtrundfahrt. Wir zeigen Ihnen die wichtigsten Sehenswürdigkeiten dieser reizvollen Stadt. Nachmittags Besuch im Zoo und Besichtigung des Reichstags.
Am Abend Gelegenheit zum Besuch origineller Kneipen, Restaurants oder Theater.

31.12.
Frühstück vom Buffet. Anschließend haben Sie Zeit, einen Einkaufsbummel auf dem Ku-damm oder im Europacenter mit seinen vielen Boutiquen zu machen. Abends große Silvesterparty mit 5-Gang-Menü, Tanzmusik (live) und Feuerwerk.(Extrakosten: 115,- DM)

	Morning?	Afternoon?	Evening?	Supplementary charge?
1				
2				
3				

20. Read the following advertisements for pen-pals and then fill in the information required on the grid:

Hi! Mein Briefkasten schreit nach Post. Ich bin 15 Jahre alt, Krebs, und suche Brieffreunde, männlichen Geschlechts, die den Briefkasten füllen. Meine Hobbys: Musik, Tanzen, Schwimmen, Stricken. Jeder Brief wird beantwortet. Freue mich besonders auf Post aus den neuen Bundesländern. Briefe an Daniela Reimann.

Hallo! habt ihr Lust, einem 20jährigen Widder zu schreiben? Meine Hobbys sind: Reisen, Bergsteigen, Wasserski und Angeln. Wenn du ein Mädchen zwischen 16 und 20 bist, schreib bitte mit Foto an: Daniel Tiemann. Ich würde mich riesig über Briefe aus Rußland, Polen und Griechenland freuen.

Hey Boys! Habt ihr Lust, einem 15jährigen Zwillinge-Mädchen zu schreiben? Wenn ihr zwischen 14 und 20 seid, könnt ihr sofort mit dem Schreiben beginnen. Meine Hobbies sind: Wandern, Feten, Basteln und Freunde treffen. Alle Briefe, egal aus welchem Land, werden beantwortet. Sprachen: Deutsch und Englisch. Saskia Kothe.

	Star-sign?	Age sought	Boys or Girls?	Countries?	Hobbies?
1					
2					
3					

F — JOURNALISTIC PASSAGES

Passage 1 (Sample examination paper)

Im Abfallkorb haben Pausenbrote nichts verloren

Interessiert schaue ich in einen großen Abfallkorb auf dem Pausenhof einer Münchner Schule. Was da nicht alles drin liegt: Ein Turnschuh mit abgerissener Sohle, Bonbonpapier in allen Farben, leere Joghurtbecher, angebissene Äpfel und Birnen und, was mich am meisten erstaunt — noch eingepackte Pausenbrote.

Da klingelt es zur großen Pause. Viele, viele Schüler sind auf einmal im Pausenhof. Ich bleibe neben dem Papierkorb stehen. Plötzlich kommt ein Mädchen und wirft ihr Schulbrot in den Abfallkorb. „Warum tust du das?" frage ich sie freundlich. „Das ist meine Sache", antwortet sie laut und frech. Ich erkläre ihr, dass es mich interessiert, warum so viele Schüler ihre Pausenbrote wegwerfen. Da gibt sie mir folgende Antwort: „Wenn ich mein Brot wieder nach Hause bringe, gibt es großen Ärger mit meinen Eltern. Aber ich habe in der Schule überhaupt keinen Hunger auf Brot, und deshalb werfe ich's immer weg."

An diesem Vormittag treffe ich noch einige Schüler, die mir sagen, dass sie auch ihr Pausenbrot immer wegwerfen. Sie sagen ihren Eltern auch nicht, was sie lieber essen möchten. Viele sind einfach zu faul dazu. Warum nicht einmal das Essen für die Pause selbst planen?

Schule ist anstrengend und macht müde. Wer etwas leisten und viel lernen möchte, muss auch in den Pausen etwas essen. Nur so bekommt der Körper genug Energie. Milch, Quark, Gemüse, Obst, Fruchtsäfte, Wurst, Fleisch, Käse, Vollkornbrot oder auch Haferflocken sind gute „Energiegeber". Probier das eine oder andere doch einmal aus! Mach dir zum Beispiel schon am Abend vorher Quark mit Früchten für die Schule fertig, oder belege dir ein Pausenbrot mit frischen Gurken- oder Tomatenscheiben. Deine Eltern freuen sich bestimmt darüber, wenn du selber einmal etwas Gesundes zum Essen planst.

1. The reporter is surprised to see untouched lunch sandwiches in the waste-bin in a German schoolyard. List **three** other items she sees there.

2. The young girl seen throwing away her sandwiches explains why she does this: what are her reasons?

3. List **six** foods recommended to provide energy for hardworking schoolchildren.

Passage 2

Ist Fernsehen schlecht für unsere Kinder?

Die Experten können sich nicht einigen. Viele sagen, dass Fernsehen ganz schlecht für Kinder ist, aber andere sagen, dass es gut ist, solange Kinder nicht ganze Nachmittage vor dem Fernseher sitzen. Das Fernsehen ist genau so gut wie Bücherlesen. Alle Leute, jung und alt, brauchen Unterhaltung, Information und eine Anregung für ihre Phantasie.

Viele Lehrer verlangen immer wieder, dass Eltern ihren Kindern das Fernsehen verbieten sollen, aber ich bin da anderer Meinung. Eltern und Kinder sollen sich zusammensetzen und besprechen, welche Sendungen die Kinder ansehen sollen. Vor allem soll man die Kinder nicht allein vor dem Fernseher sitzen lassen.

Es ist wichtig, dass die Eltern die Sendungen hinterher mit ihren Kindern besprechen, wenn sie irgendwelche Fragen haben. Und wenn die Eltern ihren Kindern zeigen wollen, dass es andere Sachen im Leben gibt außer Fernsehen, dann sollen sie mit gutem Beispiel vorangehen. Wenn sie wollen, dass ihre Kinder mehr lesen, dann sollen sie selber ein Buch in die Hand nehmen. Denn wenn das Kind sieht, dass weder Vater noch Mutter Bücher liest, dann ist es nicht sehr wahrscheinlich, dass das Kind von allein ein Buch in die Hand nimmt. Also mein Rat an die Eltern: nicht zuviel Fernsehen und Alternativen anbieten!

1. Why is television good, according to the writer?
2. What advice is given to parents with regard to children watching television?
3. How can parents show their children that there is an alternative to television?

Passage 3

Nonstop durch Europa

Jugendliche haben es heute gut. Mit einem Interrail-Ticket in der Tasche können sie in einen Zug einsteigen und losfahren. Mit dem Interrail-Ticket kann man durch 30 Länder in Europa reisen, so weit und so lange wie man will. Das Ticket kostet 410 Mark. Jedes Jahr fahren ungefähr 100 000 junge Deutsche auf diese Weise. Die beliebtesten Länder sind Frankreich, Italien, England und Griechenland. Im Sommer sollte man vorher einen Platz reservieren, denn die Züge sind oft voll.

Interrailer planen nicht gern im voraus. Sie steigen einfach ein und wollen so weit wie möglich weg. Manche fahren in Europa herum, nach Norwegen oder nach Italien in 2 Tagen. Sie bleiben nur kurz in jeder Stadt, sehen sich ein paar Sehenswürdigkeiten an und fahren dann am Abend weiter. Wenn sie nachts fahren, können sie im Zug schlafen. Wenn sie das machen, können sie vier Wochen lang ganz billig durch ganz Europa reisen.

Die Karte ist einen Monat gültig und ist für junge Leute von 12-26 Jahren. Fahrten im eigenen Land kosten die Hälfte. Auf Fähren fährt man auch zum halben Preis. Sonst sind alle Zugfahrten kostenlos.

1. What does an Interrail Ticket enable one to do?
2. How do interrailers reduce their costs for lodgings?
3. Not all journeys are free. When does the holder of an Interrail ticket have to pay extra and how much? (See last paragraph)

Passage 4

Jeans

Levi Strauss wohnte in der kleinen Stadt Buttenheim. Eines Tages beschloss er, sein Glück in Amerika zu versuchen. Im Jahr 1847 fuhren seine Mutter, seine Geschwister und er mit dem Schiff nach New York, wo seine zwei älteren Brüder schon länger lebten. Sie kauften und verkauften Stoffe.

Im Jahr 1850 begann der Goldrausch in Amerika. Tausende von Menschen wanderten in den Westen, um nach Gold zu graben. Die Goldgräber brauchten feste Kleidung, robuste Hosen, die lange halten würden. Levi Strauss machte aus Segeltuch Hosen. Er machte gute Geschäfte damit. Bald machte er seine Hosen aus einem Baumwollstoff "serge de Nimes" (daher der Name Denims). Er färbte diesen Stoff mit der Naturfarbe „Indigo". Er verdiente viel Geld und starb 1902 in Amerika. Seine Hosen wurden weltweit bekannt.

Heute kann sich keiner ein Leben ohne Jeans vorstellen. Die großen Pop-Stars und Film-Stars (Marilyn Monroe, Elvis Presley) trugen sie, und für Jugendliche, die anders sein wollten als ihre Eltern, waren Jeans das Symbol einer neuen Generation. Jeans gab es bald überall: zu Hause, in der Schule, in der Uni, auf Pop-Konzerten, auf Partys. Sie sind beliebt bei reich und arm, bei Frauen und Männern, in Amerika wie in Afrika.

1. Who was Levi Strauss?

2. Why did he invent jeans?

3. How did jeans get the name Denims?

4. Why, according to the article, have jeans become so popular?

Passage 5

Ein Gummibärchen packt aus

Süße Grüße aus der Tüte
Hallo Freunde!

Ich bin Hugo, der Gummibär, und will Euch etwas über meine Familie erzählen. Die ersten Gummibärchen gab es schon in den 20er Jahren in Deutschland. Man nannte uns „Tanzbärchen". Wir sind heute noch genauso wie damals: zwei Zentimeter lang und 2,1 Gramm schwer. Alle finden uns süß. Wir sind ja auch aus Zucker! Wir sehen viel von der Welt. Gummibärchen fahren mit in der Eisenbahn oder im Autobus. Manche von uns dürfen mit ins Kino oder ins Theater. Da ist es warm und gemütlich. Andere gehen gerne mit in die Schule. Denn wer eine Tüte Gummibärchen hat, bleibt in der Pause nicht lange allein. Wir haben viele Freunde: Jungen und Mädchen, Oma und Opa, Lehrer, Studenten, Pfarrer, Fußballspieler, Rocksänger, Schauspieler und Staatspräsidenten — eigentlich alle. Aber jeder hat seinen persönlichen Stil. Mancher sucht immer nur rote oder grüne heraus. Viele essen uns nur heimlich, wenn sie ganz allein sind (damit sie nichts abgeben müssen!). Einige haben den größten Genuss, wenn sie nur ein Stück in den Mund stecken. Andere nehmen gleich eine ganze Handvoll. Und viele können erst aufhören, wenn die ganze Tüte leer ist. Und dann gibt es noch die komischen Leute, die uns bis zu fünf Zentimeter lang ziehen und dann den Kopf abbeißen. Aber dagegen protestieren wir! Wir lassen ja nicht alles mit uns machen! Wir haben eine Bürgerinitiative gegründet. Sie hat verschiedene Gruppen. Die eine will den Zweierpack, weil es in der Tüte zu eng ist. Andere wollen die totale Freiheit: Sie wollen die Tüten ganz abschaffen. Manche Gummibärchen wollen auch zurückbeißen. Das ist aber nicht so gut, weil Ihr uns dann vielleicht nicht mehr mögt. Und das wäre natürlich traurig. Denn wir wollen Euch doch froh machen!

Euer süßer
Gummi-Hugo

Reproduced from Scala Jugendmagazin

1. When were jelly babies invented?
2. Where are they enjoyed?
3. What groups of people are mentioned as being friends?
4. What preferences do different people have?
5. What do some jelly babies object to?

Passage 6

DB

Die deutsche Eisenbahn ist jetzt über 150 Jahre alt. Der erste deutsche Zug hieß „Der Adler", und er fuhr mit einer Geschwindigkeit von 35 Stundenkilometern von Nürnberg nach Fürth. Ganz viele Menschen standen und jubelten, als der Zug vorbeifuhr. Obwohl die Ärzte warnten, dass solche Geschwindigkeiten für die Gesundheit schlecht wären, wollten die Leute trotzdem mit dem Zug fahren. Nach wenigen Jahren wurde ein Eisenbahnsystem für ganz Deutschland geplant.

Das neue System war nicht leicht zu konstruieren. Ingenieure und Arbeiter mussten schwierige Aufgaben lösen. Es gab viele Flüsse und Berge im Weg. Man musste viele Brücken und Tunnel bauen. Nach 5 Jahren gab es 500 Kilometer Gleise in Deutschland. Im Jahr 1870 waren es 15 000 Kilometer. Bald gab es Verbindungen in alle Ecken Deutschlands. Schöne Bahnhöfe wurden gebaut. Es gab Züge mit Schlaf- und Speisewagen. Es gab Diesel- und Elektrolokomotiven. Züge wurden immer schneller.

Mit „Intercity"-Zügen kann man ganz schnell von einer Stadt in die nächste fahren. Heute gibt es Züge, die mit 300 Stundenkilometern fahren. In Zukunft sind noch schnellere geplant. Man kann vom Zug aus telefonieren und faxen. Es gibt Züge mit Sekretärin. Es gibt Züge, die die Wagen der Fahrgäste mitfahren, damit sie ihre eigenen Autos fahren können, wenn sie ankommen. Die Bahn hat eine lange Vergangenheit. Es sieht aus, als ob sie eine lange Zukunft vor sich hat.

1. Give details of Germany's first train. (Paragraph 1)
2. What obstacles lay in the way of the new railway system? (Paragraph 2)
3. What facilities are offered by the modern trains? (Paragraph 3)

Passage 7

Warum nicht Au-pair-Jungen?

Wir reden immer von Au-pair-Mädchen. Viele Tausende Mädchen arbeiten jedes Jahr im In und Ausland bei Familien. Sie helfen im Haushalt und passen auf die Kinder ihrer Gastfamilien auf. Sie bekommen ein Taschengeld dafür und ihre Mahlzeiten und ein Zimmer. Und wenn sie Glück haben, werden sie wie Familienmitglieder behandelt. Die meisten wollen die Sprache des Gastlandes lernen. Aber warum sollen nur Mädchen das machen? Immer mehr Jungen wollen auch die großartige Gelegenheit nutzen, eine andere Sprache zu lernen. Die Jungen haben aber Schwierigkeiten, Familien zu finden, die einen Jungen akzeptieren. Viele Familien nehmen nur Mädchen, egal wie gut oder fleißig ein Junge ist. Aber immer mehr Familien sind bereit, einen Jungen zu nehmen. Viele Jungen machen Hauswirtschaft in der Schule, und die Eltern von heute sind eine andere Generation als die letzte. Es ist heute üblich, dass Männer das Mittagessen kochen, putzen, staubsaugen, einkaufen, Wäsche waschen, bei Babys Windeln wechseln und so weiter. Also Jungs, bewerbt euch!

1. What work do au-pairs normally do, according to the passage?
2. Why are males generally not acceptable as au-pairs?
3. Why are young males better suited as au-pairs today compared to former times?

Passage 8

Die Schule wird grün

Schulen tun jetzt mehr für die Umwelt. Immer mehr „grüne" Lehrer und Lehrerinnen versuchen, ihren Schülern zu zeigen, wie wichtig die Natur für uns alle ist. Es gibt Arbeitsgruppen, die nach der Schule ihren eigenen Garten auf dem Schulgelände haben. Die Schüler säen und ernten Gemüse, pflanzen Bäume und Blumen, bauen Nistplätze für Vögel, machen Kompost und lernen mehr über die Natur. Sie benutzen Kompost als Dünger. Sie lernen auch mehr über die Tiere in ihrer Umgebung und wie sie ihnen helfen können. Sie sammeln die Blätter von den Bäumen im Herbst und lassen Würmer und Käfer und andere Insekten ihre Arbeit machen. Sie lernen, wie man Igel behandelt, wie Füchse, Kaninchen und Hasen leben, wie wichtig alle Tiere sind. Einige bringen sogar ihre Küchenabfälle mit in die Schule, damit der Komposthaufen größer wird. Und können die Schüler das, was sie im Garten lernen, auch im Unterricht gebrauchen? Aber sicher, denn Biologie ist ein wichtiges Fach, und gibt es eine bessere Methode, Biologie zu lernen, als draußen im Garten?

1. What practical things are pupils in some schools doing for the environment, according to the passage?

2. What do the pupils learn from these activities?

3. How does their work for the environment fit in with the pupils' schoolwork?

Passage 9

Der Computer kann alles

Die Kinder von heute sind die Heimcomputer-Generation. Über eine halbe Million werden jedes Jahr in der Bundesrepublik verkauft. Aber die meisten Leute kaufen einen, ohne ihn wirklich zu brauchen. Deshalb verlieren so viele den Spaß daran ganz schnell. Die meisten wollen nur damit spielen. Nur zehn Prozent wollen Programme schreiben.

Viele bekommen einen Computer zu Weihnachten oder zum Geburtstag. Andere zur Konfirmationsfeier. Viele kaufen einen von ihrem Geld, das sie von Onkeln, Tanten, Omas und Opas bekommen. Was kann man mit einem Computer machen? Ganz viel. Man muss nur das richtige Software haben. Es gibt Schreibprogramme, Vokabellernprogramme, Mathematikprogramme, Musikprogramme, Malprogramme und und und. Die Liste ist mittlerweile fast endlos. Viele Eltern haben Angst, dass ihre Kinder zu Computerfreaks werden könnten, aber sie sehen ein, dass nichts mehr ohne Computer geht und dass Kinder schon früh damit umgehen sollten. Es besteht auch die Gefahr, dass Kinder den Kontakt zu anderen Leuten verlieren. Aber wenn man ihn richtig benutzt, ist er wie ein Lexikon, mit dem man reden kann. Um ihn richtig zu genießen, soll man einen Computerkurs machen oder Mitglied eines Computerclubs werden, bevor man einen kauft.

1. Summarise what is said about computers in paragraph 1.
2. On what special occasions are children given computers? (Paragraph 2)
3. What types of programmes are listed as being available for computers? (Par. 2)
4. What advice is given to would-be buyers of computers?

Passage 10

Karl Benz und sein Auto

Als Karl Benz sein Auto auf der Straße ausprobierte, lachten die Leute ihn aus. Sie lachten, denn sein Motor-Wagen blieb fast an jeder Ecke stehen. Er bekam das Patent dafür im Januar 1886. Er zeigte ihn aber nicht gern. Aber seine Frau wusste, dass seine Erfindung gut war. Deshalb beschloss sie, den Motorwagen zum Haus ihrer Großmutter in Pforzheim zu fahren, ohne ihrem Mann etwas davon zu sagen. Sie stand morgens um fünf Uhr auf und weckte ihre beiden Söhne, Eugen (15) und Richard (13). Sie holten den Wagen heraus, starteten den Motor und machten sich auf den Weg nach Pforzheim. Es sind mehr als 100 Kilometer von Mannheim. Die Kinder durften auch fahren.

Unterwegs wurde der Tank leer. Sie mussten Benzin in Apotheken kaufen, denn zu der Zeit gab es keine Tankstellen. Sie mussten den Wagen bergauf schieben, und die Bremsen aus Leder waren schnell kaputt vom Bergabfahren. Ein Schuhmacher musste sie reparieren. Am Abend erreichten sie Pforzheim. Zum ersten Mal war ein Wagen von einer Stadt zur anderen gefahren. Frau Benz schickte ein Telegramm nach Mannheim.

1. How did people react to Benz's invention at first?
2. How did his wife show her confidence in him?
3. What difficulties did Frau Benz experience during her drive?
   How were these problems overcome?

Passage 11

Jeder kann etwas für den Umweltschutz tun

Bist du der Meinung, dass du nichts für die Umwelt tun kannst? Dann lies weiter. Denn kleine Sachen sind schon wichtig. Zum Beispiel, wenn deine Eltern zu schnell fahren, sag ihnen, dass sie um ein paar Stundenkilometer langsamer fahren sollen. Das spart Benzin. Wenn du aus deinem Zimmer gehst, mach immer das Licht aus. Wenn du dich wäschst, geh lieber unter die Dusche als in die Badewanne. Dabei verbrauchst du weniger Wasser. Sammle Papier und Glas und wirf sie in Spezialcontainer. Wenn du irgendwohin gehst, lässt du dich von deinem Vater oder von deiner Mutter hinbringen? Wie wäre es mit Fahrradfahren oder zu Fuß? Waschen deine Eltern jeden Samstag das Auto? Das ist auch eine Verschwendung von kostbarem Wasser. Gibt es einen Fluss oder einen See in deiner Nähe? Wie sieht es da aus? Liegen alte Dosen und Flaschen im Wasser oder am Ufer? Dann organisiere deine Freunde und Freundinnen, dass ihr was dagegen macht. Was machen deine Eltern mit Teeresten, Kaffeeresten, Essensresten, Obstschalen, Gemüseschalen und anderem organischem Material? Mach einen Komposthaufen im Garten. Der Garten freut sich. Hast du eigene Ideen? Schreib uns. Wir geben sie gern weiter.

1. What tips are given in the passage for saving energy?

2. What tips are given for reducing consumption of water?

3. What types of organic material are mentioned? What can be done with organic waste?

Passage 12

Was machen Kinder wirklich in der Schule?

Viele Eltern denken, dass sie ihre Kinder in die Schule schicken, damit sie lernen, aber was sie wirklich lernen und was ihnen am meisten Spaß macht, sind die folgenden Tätigkeiten:

- sie schwatzen mit dem Nachbarn
- sie schreiben Briefe, Liebesbriefe und andere Botschaften
- sie erzählen Witze oder schneiden Grimassen oder imitieren den Lehrer
- sie bekritzeln Hefte, Buchseiten, Handrücken und Etuis
- sie werfen Gegenstände durch die Klasse
- sie essen, lutschen Bonbons, trinken, kauen Kaugummi, kleben den Kaugummi unter die Bank oder unter die Stuhlplatte
- sie kämmen sich, reinigen ihre Nägel, betrachten sich im Handspiegel
- sie lenken den Lehrer vom Thema ab und lenken ihn auf seine Lieblingsthemen und Hobbies hin, sie bringen ihn vom Thema Hausaufgaben ab
- sie lesen Comics, BRAVO, Computerzeitschriften oder private Post und beantworten Briefe
- sie führen Spiele unter der Bank durch und tauschen Briefmarken, Münzen und Sammelbilder
- sie hören Walkman-Cassetten an
- sie stricken und häkeln
- sie gehen während der Stunde zum Klo oder zum Papierkorb oder sie öffnen und schließen die Fenster
- sie klauen und verstecken den Tornister, das Heft, das Federetui eines Mitschülers

Und wann wird gelernt? Das Komische ist, dass diese Aktivitäten den Schülern helfen, die Schule zu überleben, denn sonst würden sie vor Langeweile verdummen.

1. What activities do pupils engage in alone during class?

2. What tricks do pupils get up to in association with other pupils?

3. How do pupils try to distract the teacher?

Passage 13

30 Streifenwagen auf der Jagd nach drei jungen Dieben

Drei Jugendliche aus Hamburg haben sich mit Polizeikräften aus ganz Norddeutschland eine Verfolgungsjagd geliefert — in einem gestohlenen Auto. Erst nach einem Unfall in Soltau konnte die Fahrt gestoppt werden; zum Glück gab es keine Schwerverletzten. An der Verfolgung hatten sich 30 Streifenwagen beteiligt.

Den Opel Senator 2,5 e hatte das Trio — ein 15-Jähriger, sein 14-jähriger Freund und ein gleichaltriges Mädchen — auf der Heckscherstraße (Eimsbüttel) gestohlen. Der Älteste setzte sich ans Steuer, und ab ging die Fahrt über die A 7 nach Norden.

In Höhe Rendsburg war das Benzin verbraucht. Sie tankten an der Raststätte Büdelsdorf — und brausten ohne zu zahlen davon. Der Tankwart alarmierte die Polizei; die Jagd begann. „Mit Tempo 190 rasten die drei in Richtung Süden", sagte ein Polizeisprecher, „überholten sogar auf dem rechten Seitenstreifen." In Hamburg wurden alle Autobahnausfahrten gesperrt.

Durch den Elbtunnel fuhren die Jugendlichen nach Niedersachsen. Polizisten in Streifenwagen versuchten vergeblich das Auto abzudrängen. In Höhe Soltau — 70 Kilometer südlich der Hansestadt — raste der Opel in einen anderen Wagen. Beide Autos fingen Feuer und brannten aus. Doch den Insassen ist kaum etwas passiert.

Nach einer Untersuchung im Krankenhaus wurden die Jungen zur Polizei nach Soltau gebracht. Dort konnten die Eltern ihre Sprößlinge, die schon öfter solche Touren unternommen hatten, abholen. Kommentar des 15-Jährigen: „Schade, dass wir keine größere Maschine erwischt haben, dann hättet ihr uns nie bekommen.

1. Who stole the car?
2. How many police cars were involved in the chase?
3. What did the trio do in Büdelsdorf?
4. How did the chase end?
5. Was this the first time that the trio had stolen a car?
6. Did they regret their actions?

Passage 14

Nur freiwillige Helfer haben Spaß an der Hausarbeit

Wieviel soll ein Kind im Haushalt helfen? Ob Mülleimer ausleeren, Geschirr spülen, Schuhe putzen oder staubsaugen — irgendwann findet der Streit in jeder Familie statt. Die Frage ist nur: Kann man diesen Krach vermeiden? Hausarbeit macht nämlich Kindern Spaß. Viele Kinder sind sogar wild darauf zu helfen. Man muss nur den richtigen Weg finden, sie zu aktivieren. Es gibt fünf kleine Schritte, die bei der Lösung dieses Problems helfen.

Der erste Schritt: Die Mutter soll sagen, was sie denkt. Sie soll zu ihrer Familie sagen: Das wird mir zuviel, ich schaffe das nicht mehr, könnt ihr mir helfen?

Der zweite Schritt: Die Väter müssen auch mal helfen! Wenn die Kinder sehen, dass der Vater hilft, dann tun sie es auch.

Der dritte Schritt: Kinder, eure Mutter ist kein Dienstmädchen. In einem Hotel gibt es Dienstboten, die kommen, wenn man auf die Klingel drückt. Dafür zahlt man — und nicht wenig. Die Mutter bekommt aber kein Geld.

Der vierte Schritt: eine Familienkonferenz! Die Familie soll sich einmal in der Woche zusammensetzen. Die Familienmitglieder sollen überlegen: Was für Hausarbeiten fallen bei uns an? Wer will sie wann erledigen? Dann sucht sich jeder für eine Woche ein paar Arbeiten aus.

Der fünfte Schritt: Eltern, seid nicht misstrauisch! Es gibt eine Regel, an die man immer denken soll: „Jeder soll seine Arbeit ganz allein machen, sonst ist alle Freude weg." Das Kind braucht das Gefühl: „Das habe ich ganz allein gemacht." Eines Tages werden dann die Kinder sagen: Bei uns arbeitet jeder für alle.

1. What jobs give rise to rows in the family? (Paragraph 1)

2. Summarise the first three steps to solving the problem.

3. What are families advised to do once a week?

4. What special appeal is made to parents? (Final paragraph)

Passage 15

USA
Die Reise
USA für junge Leute

Wenn Sie zu den jungen Leuten gehören, die in ihrem Urlaub nur auf der faulen Haut liegen, ist unser Ferien-Tip nichts für Sie. Wenn Sie aber nach der richtigen Mischung aus Freizeit, Bildung, Abenteuer suchen, probieren Sie es in diesem Sommer vielleicht mit dem USA-Friendship-Programm des ADAC. Wenn Sie zwischen 15 und 23 Jahren alt sind, können Sie für 1.950 Mark einen knapp vierwöchigen Aufenthalt in den Staaten New Hampshire und Connecticut oder für 2.225 Mark einen Urlaub in Kalifornien buchen, bei dem Sie sicher auf Ihre Kosten kommen. Sie lernen Land, Leute und Lebensgewohnheiten nicht nur kennen, sondern auch verstehen; denn Sie kommen nicht als europäischer Tourist, sondern als Mitglied und Freund einer amerikanischen Familie in die Vereinigten Staaten. Mit Hilfe ausführlicher Fragebögen versucht der ADAC, für jeden die maßgeschneiderte (tailor-made) Gastfamilie zu finden. Ihre Englischkenntnisse werden sich nicht nur durch das Gespräch mit Ihren Gastgebern verbessern; an vier Vormittagen pro Woche können Sie darüber hinaus an einem Sprachunterricht teilnehmen, bei dem nicht nur Vokabeln gepaukt werden, sondern auch über die verschiedenen Aspekte des heutigen Amerika, seiner Gesellschaft, Wirtschaft, Politik, diskutiert wird. Einmal pro Woche unternehmen Sie außerdem eine ganztägige Exkursion zu den wichtigsten Sehenswüdigkeiten, und je nach Lust und Laune kann für die Gruppe, zu der Sie gehören, der Besuch eines Musicals, ein Ausflug zum Hochseefischen, eine Square Dance Lektion, die Besichtigung eines Luftwaffenstützpunktes (air force base) arrangiert werden.

1. At what type of young person is this advertisement aimed?

2. What details are we given about the holiday (cost, duration, accommodation)?

3. What does the advertisement promise that you will learn?

4. What extra activities can be organised?

Passage 16

Mit dem Mofa zur Schule
Sollen die Eltern es erlauben oder mit allen Mitteln verhindern?

Die meisten Jungen und Mädchen träumen von einem Mofa. Und viele erfüllen sich diesen Traum. Die Eltern sind dabei hin- und hergerissen. Für die Jugendlichen ist es ein ganz neues Gefühl. Sie haben ein Stück mehr Freiheit, wenn sie mit dem Mofa durch die Gegend fahren. Mofas sind schneller und stabiler als ein Fahrrad und sind relativ preiswert und billig im Verbrauch.

Man darf mit 15 Jahren ein Mofa fahren — ohne Prüfung. Aber sind Fünfzehnjährige reif genug, um sich im Verkehr zurechtzufinden? Das ist nicht in erster Linie eine Frage des Alters, sondern eine Frage der Erfahrung. Wer viel mit dem Fahrrad herumgefahren ist, wird mit dem Mofa keine Schwierigkeiten haben. Trotzdem sind die jungen Mofa- und Mopedfahrer in den Unfallstatistiken am häufigsten vertreten. Das Mofa hat kein Gehäuse — der Fahrer ist also ungeschützt, und es ist auch geeignet zum Durchschlängeln, das heißt, dass Fahrer links und rechts überholen können, und Autofahrer erwarten das nicht.

Jugendliche müssen die Verkehrsregeln wirklich beherrschen. Sie müssen auch einen Sturzhelm tragen, und auch feste Schule und Kleidung, die auch bunt sein soll. Die Eltern sollen darauf achten, dass ihr Kind ein stabiles Fahrzeug kauft, dass es verkehrssicher bleibt, dass die Reifen noch Profil haben und dass das Licht funktioniert.

1. What are the advantages of having a moped (Mofa)? (Paragraph 1)

2. Are mopeds safe? Explain. (Paragraph 2)

3. What practical advice is given to moped-users? (Paragraph 3)

Passage 17

Dicke Kinder

Jedes dritte Kind in der Bundesrepublik hat Übergewicht. Und der Prozentsatz steigt von Jahr zu Jahr. Ärzte halten Kinder für zu dick, wenn sie um mehr als 20 Prozent über dem Durchschnittsgewicht sind. Dieses Gewicht hängt von Alter und Größe des Kindes ab. Die Ärzte warnen jedoch vor drastischen Diäten, weil die Kinder danach wieder die Kühlschränke plündern. Die Kinder müssen lernen zu verstehen, was die Ursache für ihr extremes Gewicht ist. Es gibt mehrere Gründe dafür.

- Dicke Eltern = dicke Kinder. Wenn beide Eltern dick sind, dann haben 80 Prozent ihrer Kinder auch Übergewicht. Viele Eltern glauben, dass man erst dann satt ist, wenn der Teller leer ist, und zwingen ihre Kinder und sich selbst, alles zu essen, was auf den Tisch kommt.
- Viele Kinder wachsen als Schlüsselkinder auf, d.h. beide Eltern arbeiten. Diese Eltern geben ihren Kindern oft sehr viel Taschengeld, womit die Kinder dann Eis, Pommes und Currywurst kaufen.
- Wenn Kinder unter Stress stehen, essen sie oft mehr.

Viele dicke Kinder versuchen abzunehmen, aber das dauert viel zu lang, und sie geben auf. Sie nehmen wieder zu, nehmen am Sportunterricht nicht teil und sitzen stundenlang vor dem Fernseher. Da stopfen sie sich mit Pommes, Chips, Nüssen und Schokolade voll. Die Eltern müssen ihren Kindern helfen, die richtige Diät zu finden. Es ist wichtig, dass die Kinder lernen, nur soviel zu essen, bis sie satt sind, und nicht, bis der Teller leer ist. Freunde müssen ihnen auch helfen und sie ermutigen, Sport zu treiben und sich mehr zu bewegen. Nur wenn alle Leute um sie herum mithelfen, können dicke Kinder wirklich abnehmen und richtig gesund leben.

1. What fraction of German children is overweight, according to the article? (Paragraph 1)

2. How are parents to blame for their children's weight problems? (Paragraph 2)

3. What other causes of overweight are mentioned?

4. What advice is given to parents in the last paragraph?

Passage 18

Jugendherbergen

Es begann am 26.8.1909, als der Lehrer Richard Schirrmann aus Altena mit seiner Klasse eine Wanderung machte. Ein Gewitter überraschte die Gruppe, und sie mussten in der Dorfschule in Bröl übernachten. Der Lehrer fasste den Entschluss, Übernachtungsstätten für wandernde junge Leute zu schaffen. Aus diesem Anlass entstand im Jahr 1912 in Altena die erste Jugendherberge der Welt.

Heute bieten 565 Jugendherbergen preisgünstige Ferien an: für Wanderer zu Fuß oder per Fahrrad, für Gruppen, Familien, Schulklassen oder ausländische Jugendliche. Egal wie sie anreisen, ob mit Auto, Bus oder Bahn: in den Jugendherbergen ist jeder willkommen.

Wandern, Radtouren, Bergsteigen, Tennis, Computerkurse, Töpfern (pottery), Backen, Reiten, Spinnen, Weben, Astronomie (Himmelskunde), Segeln: das alles bietet das DJH (Deutsches Jugendherbergswerk). Das DJH hat jetzt rund 1 Million Mitglieder. Gibt es eine bessere Möglichkeit, andere junge Menschen aus aller Welt kennenzulernen?

1. Describe what happened on 26-8-1909.
2. What groups do youth hostels cater for? (Paragraph 2)
3. List the activities on offer in German youth hostels. (Paragraph 3)

Passage 19

Warum reißen so viele Kinder aus?
(Ein Ausreißer — a runaway)

Für viele Eltern ist ihre größte Sorge, dass ihre Kinder wegziehen. Aber warum sollten Kinder das machen wollen? Viele Mädchen und Jungen bleiben bei ihren Eltern, weil es für sie bequemer ist oder weil sie Angst haben, allein zu sein. Jugendliche, die sich gut mit ihren Eltern verstehen, wohnen ziemlich lange zu Hause, aber eines Tages gibt es Krach, weil sie Leute zu Besuch haben möchten oder weil sie Partys feiern möchten oder einfach, weil sie selbständig werden möchten.

Jedes Jahr reißen 50 000 Jugendliche von zu Hause aus. Sie machen es, weil ihre Eltern zu streng sind. Sie bringen vielleicht ein schlechtes Zeugnis von der Schule nach Haus und haben Angst vor ihren Eltern. Andere versuchen, mit ihren Eltern über ihre Probleme zu sprechen, aber die Eltern haben keine Zeit und kein Verständnis für sie. Es gibt auch welche, die sehen, wie der Vater die Mutter schlecht behandelt, und wollen das nicht mehr. Eltern haben Schwierigkeiten mit der modernen Welt. Sie sind zu einer Zeit aufgewachsen, in der es kein Fernsehen gab. Die Schulen waren viel strenger. Die Frauen blieben normalerweise nach der Ehe zu Hause. Die jungen Leute von heute sind einfach anders, und Eltern müssen lernen, das zu akzeptieren.

1. Why do young people eventually leave home according to the passage? (Paragraph 1)
2. There are about 50000 runaways each year in Germany. Why do young people do this? (Paragraph 2)
3. What advice is given to parents? (Paragraph 2)

Passage 20

Weihnachten in Deutschland

Weihnachten in Deutschland beginnt mit dem ersten Advent. Wir stellen einen Adventskranz auf, und wir stellen vier Kerzen (candles) da rein. Am ersten Adventssonntag zünden wir eine Kerze an, am zweiten zwei usw.

Am Heiligabend gehen die Kinder in ihr Zimmer, während die Eltern den Weihnachtsbaum schmücken. In Deutschland nimmt man meistens silberne Kugeln und anderen Silberschmuck. Die Kinder dürfen nachmittags nicht ins Wohnzimmer. Im Fernsehen kommt ein Programm für Kinder. Es heißt „Wir warten aufs Christkind." Gegen sechs Uhr kommen die Eltern dann ins Zimmer, und die ganze Familie singt Weihnachtslieder. Gegen sieben Uhr geht dann Mutter oder Vater ins Wohnzimmer, um zu gucken, ob das Christkind schon die Geschenke gebracht hat. Das nennen wir die Bescherung. Erst packen die Kinder ihre Sachen aus, und dann sind die Eltern dran. Bei uns ist also Heiligabend der wichtigste Tag für Kinder.

Nach der Bescherung gibt es was zu essen — Kartoffelsalat mit Bratwurst oder ein Fondue oder etwas Anderes. Die Eltern trinken Glühwein oder Wein und wir trinken Sprudel.

Wir nennen den 25. Dezember den ersten Weihnachtstag. Alle Leute bleiben an dem Tag zu Hause. Wir essen normalerweise eine Gans oder einen Truthahn mit Rotkohl und Kartoffeln zum Mittagessen. Die meisten Leute gehen am Heiligabend in die Kirche. Der 26. Dezember ist der zweite Weihnachtstag. Das ist auch ein Feiertag. An dem Tag besuchen wir Verwandte. Weihnachten ist eine schöne, ruhige Zeit.

1. How does the writer's family spend Christmas Eve? (Paragraph 2 and 3)

2. What is „die Bescherung"?

3. What does the family normally eat for dinner on Christmas Day?

G LITERARY AND SEMI-LITERARY PASSAGES

Passage 1 (Sample examination paper)

Stefans Geburtstag

Gestern bin ich zehn geworden. In der Früh hat mich Mama mit einem Geburtstagskuss geweckt. Und was stand neben meinem Bett? Das neue Fahrrad! Hurra! Dabei haben Mama und Papa immer wieder gesagt: „Fahrrad? Das schlag dir aus dem Kopf! Das kannst du vergessen!" Und da war es nun — eine große Überraschung für mich. Neben dem Fahrrad lagen eine Schallplatte von meiner Schwester Martina, ein schöner Fußball von meiner Oma und zwei Bücher von Tante Anna. Ich wollte gleich mit dem Rad fahren. Fußball spielen — das war leider jetzt nicht möglich. Ich musste ja auch an diesem Morgen zur Schule, wie immer. Für die Party am Nachmittag hatte ich meine Freunde eingeladen. Mama hatte mir für die Party einen Berg belegter Brote versprochen, Brote mit Wurst und Schinken und Käse und Gurken — und natürlich auch einen besonderen Geburtstagskuchen: eine echte Geburtstagstorte!

Wie ich mittags von der Schule komme, sehe ich schon von weitem einen Krankenwagen vor unserem Haus. „Das ist wohl wieder der Herr Hofer aus dem dritten Stock", denke ich. Den hatten sie schon ein paarmal ins Krankenhaus gebracht, er ist schon alt und oft schwer krank. Und jetzt tragen zwei Männer die Tragbahre aus dem Haus — und darauf liegt meine Mama.

„Mama", schreie ich und laufe hin.

Papa ist auch schon da. Den haben sie schnell aus seinem Büro geholt, das ist ganz nahe bei unserer Wohnung.

„Schrei nicht so", sagt Papa, „nimm dich zusammen".

Mama sieht mich an und sagt: „Armer Stefan, so ein Pech, gerade heute, an deinem Geburtstag!"

„Lass den Geburtstag, Mama, was hast du denn?"

„Einen Beinbruch", sagt Papa.

Ein Beinbruch — und schuld an allem war mein Geburtstagskuchen, die Torte. Mama wollte den Mixer von oben im Küchenschrank herunterholen, ist auf einen Stuhl gestiegen — und da ist es schon passiert: Der Stuhl ist weggerutscht, Mama ist runtergefallen und hat sich dabei das Bein gebrochen. So ein Pech — den Geburtstag werde ich nicht so schnell vergessen!

1. Why was Stefan surprised at getting a bicycle for his birthday?
2. What other presents did he get, and from whom?
3. What food was to be provided for the party?
4. Returning from school, Stefan saw an ambulance stopped outside his apartment block/house:
   (a) Who did he think it had come for?   (b) Why did he think that?
5. Stefan was upset to see his mother on the stretcher. What reaction to Stefan's scream was shown by
   (a) his father?
   (c) his mother?
6. What was his mother's injury, and how did it come about?

Passage 2

Rieke und ihre Tiere

Rieke hat ganz viele Haustiere. Sie hat drei Katzen, zwei Hunde, zwei Meerschweinchen, zwei Wellensittiche und auch zwei Mäuse. Sie hat aber auch viel Arbeit damit. Jeden Morgen muss sie als erstes die Katzen füttern; sie gibt ihnen eine Schüssel Milch mit Brot und manchmal auch ein Stück altes Fleisch, was nicht mehr so gut ist. Sie muss auch Gras für die Meerschweinchen von der Wiese holen. Sie fressen gern Gras und auch die Schalen von Karotten und Äpfeln. Manchmal gibt sie ihnen auch hartes Brot. Die Meerschweinchen sind ganz zahm, und manchmal bringt sie sie abends in ihr Zimmer und lässt sie frei herumlaufen.

Die zwei Hunde schlafen mit im Haus. Es sind zwei Irische Terrier, und sie sind gute Wachhunde. Einmal wollte ein Einbrecher bei Riekes Eltern einbrechen, aber die Hunde fingen an zu bellen, und der Einbrecher lief schnell weg. Die Hunde gehen auch gern auf die Jagd, und manchmal fangen sie ein Kaninchen. Wenn Rieke einen Stock wirft, bringen die Hunde ihn zurück. Wenn sie von der Schule kommt, begrüßen die Hunde sie ganz wild. Und wenn sie was nicht essen will, gibt sie es einem der Hunde, wenn ihre Eltern nicht anwesend sind.

Die zwei Mäuse schlafen bei Rieke im Zimmer. Sie hat ein großes Aquarium für sie. Sie kauft Futter für sie in einem Tierladen. Sie gibt ihnen auch kleine Sachen zum Spielen. Sie klettern gern, und Rieke muss aufpassen, dass sie nicht entkommen. Einmal sind sie herausgekommen und haben sich hinter Büchern versteckt. Rieke hatte Angst, daß sie nach draußen laufen würden und dass die Katzen sie auffressen würden. Einmal in der Woche muss sie das Aquarium reinigen.

Rieke hat es nicht gern, wenn ein Tier krank wird. Sie bringt kranke Tiere sofort zum Tierarzt. Sie braucht das nicht zu bezahlen, denn der Tierarzt ist ein Vetter von ihrem Vater. Andere Kinder kommen zu ihr, wenn sie Probleme mit ihren Haustieren haben oder wenn sie ein krankes Tier finden. Einmal fand eine Freundin von ihr ein krankes Kaninchen. Sie brachte es zu Rieke, und die brachte es zum Tierarzt. Er gab dem Kaninchen eine Spritze, und Rieke hat es zwei Wochen lang gepflegt. Am Ende der zwei Wochen ließ sie es wieder laufen, denn es war zu alt, und sie wusste, dass sie es nie zahm machen würde. Und was will die Rieke später von Beruf werden? Ja, ihr habt es geraten: Tierärztin!

1. What pets does Rieke have?
2. What work is involved in having so many pets?
3. What kind of dogs does Rieke have?
   How have the dogs proved themselves?
4. What pets does Rieke keep in her room?
   Why was Rieke worried when they escaped?
5. Show that Rieke is good to animals.

Passage 3

Die Verabredung

Daniel und Erika waren das erste Mal miteinander verabredet. Sie wollten sich um drei Uhr nachmittags im Stadtpark bei der Bank am Kiosk treffen. So verbrachten sie ihre Zeit vorher.

13.30 Uhr: Erika wäscht sich ihr langes blondes Haar. Danach macht sie eine komplizierte Frisur.

14.00 Uhr: Daniel ist gerade dabei, das Familienauto zu waschen. Er bekommt dafür 10 DM. Zusammen mit den 15 DM in seinem Sparschwein reicht das Geld gerade, um mit Erika Eis essen zu gehen und dann später ins Kino. Heute kommt ein spannender Krimi. Erika ist wild auf Krimis, aber Daniel interessiert sich mehr für Abenteuerfilme. Aber für Erika ist er bereit, alles zu machen. Er wollte mit ihr Hamburger essen gehen, aber sie wollte nicht. Sie achtet auf ihre Figur, und sie ist der Meinung, dass Hamburger schlecht für die Haut sind.

14.30 Uhr: Nachdem Erika mit der Frisur fertig ist, macht sie ihr Gesicht fertig. Sie findet die Lippen zu schmal, also holt sie Lippenstift. Die Augen sind ihr auch zu farblos. Ein bisschen Lidschatten hilft.

14.45: Daniel ist mit dem Autowaschen fertig. Er holt die 10 DM, geht in sein Zimmer, duscht sich, zieht Jeans und ein weißes T-Shirt an, holt sein Geld und fährt mit der Straßenbahn in die Stadt.

14.59: Das Gesicht ist fertig. Jetzt kommt die Kleidung dran. So viele Röcke, Kleider, Hosen, Jacken, Strümpfe, Blusen, Pullis und Schuhe! Am Ende sucht sie eine blaue Hose, eine weiße Bluse und eine leichte Sommerjacke heraus. Dann macht sie sich zu Fuß auf den Weg. Eine Uhr hat sie nicht um.

15.00 Uhr: Daniel ist pünktlich am Treffpunkt, aber die Erika ist nicht zu sehen. Daniel trifft einen Bekannten und unterhält sich mit ihm über Fußball, Platten, Mopeds und Klassenarbeiten.

15.20 Uhr: Erika erreicht den Treffpunkt, aber Daniel steht hinter dem Kiosk mit seinem Freund. Nach ein paar Minuten kommt er auf sie zu. Erika ist ärgerlich, denn sie denkt, dass er zu spät kommt. Sie sagt ärgerlich: „Ich denke, wir hatten drei Uhr abgemacht. Wo warst du denn so lange?"

1. When and where did Daniel and Erika arrange to meet?
2. What had they planned to do for the afternoon?
   What suggestion had Erika turned down? Why?
3. What does Daniel do when he is finished washing the car?
4. Name 5 items in Erika's wardrobe.
   What does she wear?
5. What does Daniel talk about with his friend?
6. What does Erika say to Daniel when she sees him?

Passage 4

Schule schwänzen

An diesem Morgen hatte Jan keine Lust, in die Schule zu gehen. Gestern hatten sie eine Mathearbeit geschrieben, und Mathe war nicht sein Lieblingsfach. Er wusste, dass er bestimmt eine Fünf bekommen würde. Das dritte Mal in diesem Jahr! Seine Eltern würden meckern und ihm eine Woche lang das Fernsehen verbieten. Sie würden ihm auch die Hälfte seines Taschengeldes für diese Woche abziehen und jeden Abend seine Hausaufgaben kontrollieren. Warum hatte er nicht fleißiger gelernt? Am Samstag kam das Fußballänderspiel und am Sonntag kamen seine Großeltern zu Besuch. Da konnte er auch nicht so gut lernen. Am Montag kam auch ein spannender Krimi im Fernsehen, und den wollte er auch nicht verpassen. Und am Dienstag dann die Arbeit!

Er hatte also keine Lust, in die Schule zu gehen. Was sollte er machen? Er fuhr zuerst mit dem Bus in die Stadtmitte und dann mit der Straßenbahn zum Zoo. Er war seit neun Monaten nicht mehr im Zoo gewesen. Er interessierte sich nicht so sehr für wilde Tiere, aber er fand die Affen und die Seehunde ganz toll. Er erreichte den Zoo um zehn Minuten vor acht, aber natürlich war er noch zu: Öffnungszeiten: 10.00 - 18.00 Uhr, las er. Was sollte er jetzt machen? Er hatte noch seine Schultasche bei sich. Er würde auffallen, wenn er vor dem Eingang stehenbleiben würde. Und zwei Stunden herumsitzen? Keine Lust! Er ging dann zu Fuß zurück in die Stadt, aber nach zehn Minuten fing es an zu regnen. Warum habe ich so ein Wetter ausgesucht, dachte er. Während er so dachte, hielt ein Auto neben ihm. Er sah sich um. Seine Englischlehrerin! Sie hatte ihn erkannt. Er konnte nicht mehr fliehen. Sie hupte, und er stieg ein. Sie wollte natürlich wissen, was er da machte und warum er nicht in der Schule war. Er erzählte, dass er die Nacht bei seiner Oma verbracht hatte und dass sie vergessen hatte, den Wecker zu stellen. Die Lehrerin wusste, dass er log, aber sie sagte nichts. Er stieg aus, als sie ankamen und ging sofort in sein Klassenzimmer. Erste Stunde Mathe! Die anderen hatten schon das Ergebnis. Jan entschuldigte sich beim Lehrer und erzählte eine Geschichte von einer Autopanne. Der Lehrer gab ihm seine Arbeit zurück und seine Überraschung war riesengroß, als er unten die Vier sah. Gut, dass ich heute zur Schule gekommen bin, dachte er.

1. Why did Jan not feel like going to school on this particular morning?
2. What punishment did he expect from his parents?
3. Why had Jan not been better prepared for the test?
4. Where did Jan decide to spend the morning?
   What happened when he got there?
5. Why did he decide to go back into town?
   What happened on the way?
6. What surprise awaited him in school?

Passage 5

Gute Freunde

Daniel und Florian sind gute Freunde. Sie gehen in die gleiche Schule, sind in derselben Klasse, haben die gleichen Fächer und sind nach der Schule immer zusammen. Nur einmal hat es zwischen den beiden Freunden Krach gegeben, und dieser Krach hätte beinahe ihre Freundschaft beendet.
Es fing an, als ihre Familien zusammen in Urlaub fuhren. Sie fuhren für zwei Wochen nach Holland und machten einen Campingurlaub auf einem Campingplatz an der Nordseeküste. Die zwei Wohnwagen standen nebeneinander. Es gab einen Spielplatz auf dem Campinggelände, wo die Kinder Korbball, Volleyball, Tischtennis oder Minigolf spielen konnten. Daniel wollte nur da spielen — morgens, mittags und abends, während Florian lieber an den Strand gehen wollte und schwimmen wollte. Es gab zu Hause genug Spielplätze. Florian war sehr ärgerlich, denn er hatte gedacht, dass er jeden Tag mit Daniel spielen würde. Daniel war ärgerlich, weil Florian nur an den Strand wollte.
Nach einer Woche gab es den großen Krach. Florian wollte nicht mehr mit Daniel sprechen und sagte seinen Eltern, dass ihm der Urlaub keinen Spaß machte und dass er lieber nach Hause fahren wollte. Die Eltern wussten nicht, was sie machen sollten. So hatten sie die Kinder noch nie erlebt. Daniels Eltern versuchten, die Sache mit ihm zu besprechen, aber er sagte nur, dass der Florian doof sei und dass es ihm egal sei, wenn der Florian nach Hause führe.

Am nächsten Morgen aber waren die Eltern von Florian und Daniel ganz erstaunt, als sie aufwachten und die Betten von den beiden leer fanden. Daniel war früh aufgestanden und war leise zu Florian hinübergegangen. Er fragte Florian, ob er mit ihm an den Strand gehen wollte, und da haben sie sich geeinigt. Sie wollten abwechselnd auf dem Spielplatz spielen und an den Strand gehen. Danach verliefen die Ferien ganz toll.

1. What have Florian and Daniel got in common?
2. What kind of holiday did the two families plan on having? Where?
3. What difference of opinion arose between the two friends?
4. How did Florian react to the difference of opinion?
5. How was the problem resolved?

Passage 6

Letzte Woche Montag ging ich wie immer zu Fuß in die Schule, aber diesmal ohne meine Schultasche, denn an diesem Morgen hatten wir keinen Unterricht - wir machten statt dessen unsere Klassenfahrt. Die ganze Klasse fuhr für fünf Tage zu einem alten Bauernhaus im Schwarzwald. Am Anfang wollten viele nicht mit. Sie fanden die Idee langweilig, in einem Bauernhaus zu wohnen. Sie wollten lieber ins Ausland, nach Italien, Jugoslawien, in die Schweiz — Hauptsache ins Ausland. Aber dann haben wir sie doch überredet mitzukommen. Der Klassenlehrer sagte, es wäre billiger und nicht so anstrengend und wir hätten keine Probleme mit Geld umtauschen und mit der Sprache. Unsere Schule gibt kein Italienisch oder Serbokroatisch.

Die Fahrt zum Haus im Schwarzwald sollte drei Stunden dauern, aber sie dauerte in Wirklichkeit mehr als sechs Stunden, denn wir hatten unterwegs eine Reifenpanne, und als wir von der Autobahn runterfuhren, hat sich der Fahrer verfahren.

Das Haus stand in einem Tal, etwa zwei Kilometer vom nächsten Dorf. Wir hatten unsere eigenen Sachen mitgebracht — Dosen Würstchen, Dosengemüse, Brot, Kartoffeln, Sprudel, Milch, Eier. Wir hatten auch die Arbeit eingeteilt. Wir hatten eine Liste mit den Namen von Leuten, die Kochdienst oder Spüldienst hatten. Tagsüber sind wir viel gewandert, stundenlang! Wir haben alte Ruinen besichtigt, sind auf einen Berg geklettert, haben Erdkundeunterricht mal live erlebt und haben Tiere und Pflanzen identifiziert. Wir sprachen auch mit Leuten aus dem Dorf über die Arbeitssituation. Die Hauptindustrien da sind Landwirtschaft, Tourismus, die Holzindustrie, die Papierindustrie, die Möbelindustrie. Abends gab es dann Lieder und Geschichten. Einige hatten Gitarren, Flöten und Mundharmonikas mit. Fernsehen und Radiohören waren nicht erlaubt. Wir haben auch Geschichten erzählt — lustige Geschichten, Gespenstergeschichten, Schülerstreiche, Witze.
Am Freitag fuhren wir wieder nach Hause. Am Montagmorgen waren wir noch gutgelaunt, aber dann kam unser Klassenlehrer, der auch der Deutschlehrer ist, und gab uns einen langen Aufsatz auf. Das Thema? Richtig! Unsere Klassenfahrt.

1. Why was the narrator so happy this particular morning?
2. What arguments did the teacher use in favour of staying within the borders of Germany?
3. Why was the group late arriving at their destination?
4. What had the group brought to eat for the five days?
5. How did the pupils spend the days?

6. What activities took place in the evenings?
7. What happened the following Monday to put the pupils in a bad mood?

Passage 7

Dagmars erster Hund

Als ich 12 war, wünschte ich mir mehr als alles andere einen Hund. Und meine Mutter wünschte sich, dass ich gute Noten in der Schule hätte. Ich war ziemlich faul, und vor allem Englisch machte mir große Schwierigkeiten.

Da hatte meine Mutter eine gute Idee. „Wenn du eine 2 in Englisch nach Hause bringst, dann schenken wir dir einen Hund." Aber eine 2 war für mich undenkbar. Wirklich? Für einen Hund lohnte es sich, was zu tun. Und ich büffelte und büffelte. Ein halbes Jahr später hatte ich es geschafft. Ich hatte eine Zwei in meiner Englischarbeit geschrieben, ein wahres Wunder. Strahlend kam ich nach Hause. „Ich habe's geschafft, ich habe eine Zwei in Englisch. Jetzt kriege ich meinen Hund." „Herzlichen Glückwunsch", freute sich meine Mutter, „mmm, aber das mit dem Hund klappt vorerst noch nicht. Wie wär's mit einem Kaninchen?"
Jetzt musste ich schlucken, so eine Enttäuschung, aber irgendwie hatte ich damit gerechnet. Ich kannte ja meine Mutter. Und ein Kaninchen war besser als gar kein Tier.
Zwei Tage später kriegte ich mein Kaninchen. Ich gab ihm den Namen Mohrle, weil er schwarz war, und ich nannte ihn meinen Ersatzhund. Ich hatte viel Spaß mit Mohrle, und komischerweise benahm er sich auch oft wie ein Hund. Wenn eine Katze sich in unseren Garten wagte, stürzte er sich auf sie and verjagte sie. Er war sehr mutig und ließ sich von Fremden nicht anfassen. Bellen lernte er allerdings nie, aber er trommelte mit den Hinterbeinen, wenn er Gefahr witterte (here: sensed).

Etwa drei Jahre dauerte es, bis ich einen richtigen Hund kriegte. Mohrle und Sherry, so hieß mein Hund, vertrugen sich sehr gut. Als Sherry Mohrle zum ersten Mal sah, sprang er mit einem Satz auf das Kaninchen und versuchte, ihn in die Ohren zu beißen. Aber da Mohrle größer und stärker war, schüttelte er sich und verprügelte ihn. Mit dem Hund hatte ich auch Ärger, weil er die Pantoffeln von meinem Vater zerkaute, und im Garten hat er Blumen ausgebuddelt. Ich musste ihn auch morgens und abends an der Leine nach draußen nehmen, damit er fit blieb. Sherry lebt noch, aber Mohrle blieb der Boss, so lange er lebte.

1. What was Dagmar's greatest wish, when she was 12?
   What did her mother wish for?

2. What agreement did Dagmar and her mother come to?
3. Did Dagmar's parents keep their word?
4. In what ways did Mohrle behave more like a dog?
5. What trouble did Dagmar have with her dog?

Passage 8

Kind vergessen!

Jedes Jahr in den Sommerferien kommt meine Tante mit meinen beiden Vettern Daniel und Katharina zu Besuch. Sie bleiben ungefähr zwei Wochen lang, und wir haben immer viel Spaß.
Ich habe zwei Brüder, Jan und Kai, und eine kleine Schwester, die Rieke heißt. Mit dem Besuch sind wir also sieben Kinder, und da ist immer was los.
Im vergangenen Sommer wollten wir einen kleinen Ausflug zum Eichenkopp machen. Der Eichenkopp ist ein Hügel etwa 3 km von uns, mit einem alten Eichenwald. Da gibt es tolle Plätze zum Klettern und Verstecken. Wir wollten mit unserem Minibus hinfahren. Meine Mutter und meine Tante kontrollierten uns Große, ob wir Jacken und Gummistiefel anhatten und ob unsere Hosen auch Arbeitshosen waren, bei denen es egal war, ob wir ein paar Löcher oder Risse hatten. Und den drei Kleinen, Katharina, Rieke und Jan mussten die Jacken und Stiefel angezogen werden.
Wer fertig war, musste sich schon in den Minibus setzen. Zum Schluss kamen Mama und Tante Regina. „Alles klar", sagte Mama, „wir können losfahren." Die Fahrt war kurz und ruhig. Zu ruhig, denn Rieke machte sonst immer einen furchtbaren Lärm.
„Wir haben Rieke vergessen", sagte mein Vetter Daniel, als wir aus dem Bus stiegen. „Mach keine Witze" sagte Mama. „Rieke, komm raus, versteck dich nicht." Aber Rieke hatte sich nicht versteckt. „Wir haben das Kind vergessen!" rief Mama entsetzt. „Das arme Kind."
Papa fuhr sofort zurück, und das arme Kind saß vergnügt im Sandkasten und spielte. Seitdem ärgern wir Mama immer mit dem Tag, an dem wir Rieke zu Hause vergessen haben.

1. What is the "Eichenkopp"?
2. Why is it an ideal playground for children?
3. What did the children's parents check before leaving home?
4. What seemed so strange about the drive to their destination?
5. What discovery was made on arrival at the Eichenkopp?
6. How did the story end?

Passage 9

Die Insel Valentia

Im vorigen Jahr machten wir Urlaub in Irland. Es waren Osterferien, und da waren noch nicht viele Touristen unterwegs. Wir haben quer durchs Land in „Bed & Breakfast" übernachtet, und dann ging es weiter. So kamen wir nach Cahirciveen, suchten uns unsere Übernachtungsstelle und fuhren dann, weil es noch früh war, nach Valentia Island. Wir hatten Glück mit dem Wetter, und obwohl es kalt war, schien die Sonne, und der Himmel war fast wolkenlos.
Werner hatte gehört, dass es auf Valentia ein altes Schiefernbergwerk (slate quarry) gäbe. Das wollten wir uns ansehen.
Die Straße war schmal und steil, und endlich sahen wir rechts und links zerbrochene Schieferplatten. Dann hörte die Straße auf, und vor uns lag das Bergwerk. Es war eine riesige Höhle (cave), und Wasser tropfte von oben und von den Seiten. Wir gingen ein paar Schritte rein, aber dann warnte uns ein großes Schild: Eintritt verboten. Lebensgefahr! Steinschlag! vor dem Weitergehen.
„Ich gehe da nicht rein", sagte Werner.„siehst du nicht die großen Steine, die da runtergefallen sind?" „Feigling", sagte ich. „Guck doch, die Sonne scheint rein, und es ist ganz hell. Da muss ich rein." Und ich ging rein. Es war toll, alles wurde von der niedrigen Abendsonne beleuchtet, und alles war ganz still. Man hörte nur das Wasser tropfen. Als ich mich umdrehte, war es anders. Die Sonne schien mir ins Gesicht, und ich konnte den Weg nicht mehr erkennen. Also tappte ich mich nach vorn, auf die Sonne zu. Plötzlich kam ich ins Rutschen, ich war vom Weg abgekommen und rutschte in ein Loch, immer tiefer und ins Wasser rutschte ich. Ich versuchte mich festzuhalten, ohne meine Handtasche und meine Kamera zu verlieren. Endlich fand ich Halt und stand bis zum Bauch im kalten Wasser. Vorsichtig kroch ich wieder raus, suchte und fand den Weg und kam endlich zum Ausgang. Da hatten sich jetzt noch andere Touristen eingefunden. Ich wollte mir nichts anmerken lassen, und ich ging ganz lässig vorbei. Keiner merkte, dass meine Handtasche tropfte und ich eine nasse Spur zurückließ. Werner saß im Auto. „Na, wie war's?" fragte er. „Naß", sagte ich und erklärte ihm, was passiert war.

1. What time of the year was it when the incident happened?
2. What was the weather like for the holiday?
3. Describe the route to the slate quarry.
4. What did the narrator want to do when she arrived at the slate quarry? Why did Werner refuse to go along?
5. Describe what happened to the narrator.

Passage 10

Gute Freundinnen

Sabine und Regina sind gute Freundinnen. Wenn man sie sieht, denkt man, daß sie gar nicht zueinander passen. Sabine ist groß, fast einen Kopf größer als Regina. Sie trägt am liebsten Jeans und Turnschuhe und T-Shirts. Sie macht auch immer ihre Schularbeiten, aber nur weil ihre Mutter darauf achtet, dass sie sie macht. Sie hat zweimal in der Woche Klavierunterricht. Sie übt auch viel, und wenn sie groß ist, will sie Klavierlehrerin werden. Sie will auf dem Land wohnen und viele Tiere haben: ein Pferd, eine Kuh, einen Hund, eine Katze und Hühner.

Regina ist ganz anders. Sie zieht gern schöne Röcke und Kleider und Blusen an, und sie geht auch regelmäßig zum Friseur. Sie weiß noch nicht, was sie werden will, aber sie will später nur in der Stadt wohnen. Sie mag keine Tiere. Reginas Bruder sagt, dass sie dick ist, aber das ist ihr egal.

Abends sind die beiden öfter zusammen. Sie machen ihre Schularbeiten zusammen, hören zusammen Platten, lesen zusammen, spielen Schach zusammen, sehen zusammen fern und gehen zusammen ins Kino.

Das war nicht immer so, denn sie kennen sich erst seit zwei Jahren. Damals zogen Reginas Eltern von einer Stadt um. Sie kannte niemand in der Schule, und die anderen Kinder lachten sie aus, weil sie so klein und dick war. Aber Sabine setzte sich gleich am ersten Tag neben sie und unterhielt sich mit ihr. Und seitdem sind sie beste Freundinnen.

1. Why does it seem so strange that Sabine and Regina are such good friends?
2. What clothes does Sabine like to wear?
3. What does Regina like to wear?
4. What leisure activities do Regina and Sabine engage in together?
5. How did they become friends?

Passage 11

Eine neue Frisur

„Jetzt hör aber gut zu, mein Kind", braust Mama auf „wenn du selbstgebackenen Kuchen essen willst, dann back ihn bitte selber. Du bist schließlich 16 Jahre alt, und Kuchen backen ist ganz einfach. Ich habe genug zu tun, ohne für dich und deine Brüder Dienstmädchen und Putzfrau zu spielen. Außerdem gehe ich jetzt zum Friseur. Ich bin meine langweiligen glatten, braunen Haare mit dem braven

Pony leid. Ich will endlich mal einen neuen Stil. Schließlich werde ich erst in zwei Monaten 40." Damit zog sie sich ihre Jacke an und schlug die Haustür hinter sich zu.

Andrea stand ganz verdutzt da. Sie hatte ja nur gefragt. Was war mit Mama los? So einen Ausbruch war sie gar nicht gewohnt. Dann grinste sie. Ihre Mutter wollte einen neuen Stil! Aber vielleicht sollte Andrea ihr auch mal eine Freude machen. Warum nicht? „Ich backe ihr Waffeln", entschloss sie sich. „Mama hat recht. Backen ist einfach." Also holte sie das Kochbuch heraus, guckte nach, ob alles, was sie brauchte, im Haus war. Sie holte den Mixer zuerst. Dann tat sie drei Eier, 200 Gramm Margarine und Zucker in einen Topf. Sie wog das Mehl ab, tat zwei Teelöffel Backpulver darauf und Vanillezucker. Dann rührte sie das ganze mit dem Mixer und goss noch ein bisschen Wasser in die Mischung. Fertig! Als nächstes holte sie den Staubsauger und saugte im Wohnzimmer Staub. Sie putzte auch die Fenster vom Wohnzimmer, und dann brachte sie ihr Schlafzimmer in Ordnung.

Eine Stunde später hörte sie die Haustür. Mama kam nach Hause. Die Wohnzimmertür ging langsam auf. Andrea starrte ihre Mutter mit offenem Mund an. „Ist es so schlimm?" fragte Mama erschrocken. „Du siehst anders aus", meinte Andrea. Anders war etwas übertrieben. Ihre Mutter hatte jetzt einen auberginefarbenen Lockenkopf. „ Es sollte eine Überraschung für euren Vater sein", meinte Mama. „Ich glaube, eine Überraschung wird das." Andrea kannte den konservativen Geschmack des Vaters. Er war Lehrer von Beruf und trug immer einen Anzug in der Schule. Er trug auch jeden Tag ein Hemd und einen Schlips. Die jüngeren Lehrer zogen sich lässiger an und hatten schöne Pullover. „Ja", dachte sie, „der wird vielleicht gucken!"

1. What put Andrea's mother in such a bad mood?
2. What surprise had Andrea planned for her mother when she returned? List the ingredients.
3. What else did Andrea do to please her mother?
4. How had the mother's hair-style changed?
5. How did Andrea think her father would react to the hair-style? Why did she think this?

Passage 12

Schule
Ich gehe eigentlich ganz gern in die Schule. Ich bin nicht einer der Besten, aber das stört mich nicht. Ich tue mein Bestes, und die Lehrer sind meistens zufrieden.

Am liebsten mache ich Englisch. Das ist bei uns ein Pflichtfach, wie auch Mathe und Deutsch. Ich finde Englisch leicht und war schon zweimal in England. Die Grammatik ist einfach, und die Aussprache ist leicht. Das einzige, was ich schwierig finde, ist die Rechtschreibung. Es gibt so viele Buchstaben, die man gar nicht ausspricht, und es gibt auch Kombinationen von Buchstaben wie "-ough", die bei verschiedenen Wörtern verschieden ausgesprochen werden, z.B. "thought, enough, plough". Deutsch ist da viel einfacher. Unsere Lehrerin ist auch ganz gut. Unser Lehrbuch ist ziemlich trocken, aber sie bringt ihre eigenen Texte mit, und die sind viel besser. Wir machen auch Witze durch, und wir üben kurze Theaterstücke und führen sie auf. Wir singen auch viel, und nicht nur alte Lieder.

Das einzige Fach, das ich nicht mag, ist Geschichte. Der Lehrer hält sich an das Lehrbuch, und wir müssen viele Daten und Tatsachen auswendig lernen. Die Parallelklasse macht interessantere Sachen. Die lernen viel über das Leben der normalen Menschen in vergangenen Zeiten, was sie gegessen haben, die Kleider, die sie getragen haben, was für Krankheiten sie hatten und was für Möbel und Geräte sie hatten. Ich habe nur wichtige Daten, Kriege und die Namen von Königen und wichtigen Politikern im Kopf.

Nach der Schule bleibe ich gern noch ein bisschen in der Stadt. Meine Eltern arbeiten beide, und ich bin nicht gern allein in der Wohnung. Ich gehe mit ein paar Freunden in die Stadtmitte, und wir essen eine Kleinigkeit im Schnellimbiss: Pommes mit Bratwurst, oder eine Frikadelle mit Kartoffelsalat. Ich kriege dann was Richtiges zu essen, wenn meine Eltern von der Arbeit kommen.

1. Which subjects are compulsory according to the above account?
2. What is the narrator's favourite subject? What does he find easy about it?
3. What does the writer have to say about his English teacher?
4. Does the narrator like history? Why/why not?
5. What are the main differences between the narrator's history class and that of the parallel class?
6. What does the narrator normally do after leaving school?

Passage 13

Auf dem Land ist es langweilig

Seine Eltern fanden, die Idee war gut. Kurt sollte für drei Wochen zu seinen Großeltern aufs Land fahren. Er hatte auch nichts dagegen. Er wohnte mit seinen Eltern in einer Vierzimmerwohnung in Frankfurt. Rundherum nichts als Häuser.

Zum Spielen musste er zehn Minuten zum Park gehen. Und was gab es da? Er war jetzt aus dem Alter raus, dass er gern schaukelte und auf der Rutsche spielte.

Als die Großeltern den Vorschlag machten, dass er zu ihnen aufs Land kommen sollte, war er gar nicht so begeistert. Er stellte sich das Landleben sehr langweilig vor: frische Luft, der Gestank von Kuhmist und langweilige Kühe. Jetzt saß er im Zug und sollte die nächsten drei Wochen bei den Großeltern verbringen! Er war oft da gewesen, aber nur für ein paar Tage zu Ostern, zu Weihnachten und wenn die Oma und der Opa Geburtstag hatten. Sie waren auch immer mit dem Auto gefahren. Nun sollte er allein mit dem Zug fahren. Er musste in Siegen umsteigen. Er stieg auch da aus und hatte noch vierzig Minuten Zeit, bis der Anschluss kam. Er ging aus dem Bahnhof und wollte sich die paar Läden angucken. Er wollte auch ein paar Zeitschriften, Comics und Süßigkeiten kaufen. Seine Eltern hatten ihm die Sachen verboten, denn sie wollten, dass er viel mit seinen Großeltern redete. Er ging immer weiter und vergaß die Zeit. Als er dann auf die Uhr sah, waren es nur noch fünf Minuten bis zur Abfahrt des Zuges. Er würde es nie schaffen! Mist! dachte er. Der nächste Zug fuhr erst in einer Stunde. Diesmal wollte er im Bahnhof warten.

Er rief seine Großeltern an und erzählte, was passiert war. Sie freuten sich, als er ankam. Gleich am ersten Abend ging er mit seinem Opa angeln und fing zum erstenmal einen Fisch. Das gefiel ihm so gut, dass er danach fast jeden Tag angeln ging. Er lernte auch die Namen von den verschiedenen Vögeln, die er ums Haus sah, und er interessierte sich für die Namen der Pflanzen und Bäume in der Umgebung. Zu Hause waren keine Fische im Fluss. Es gab so viel Industrie, und das Wasser war richtig grün. Nichts konnte da überleben. Und die Luft war so gut hier. In der Stadt stank es immer nach Abgasen von Autos oder nach dem Rauch aus den Fabriken. Er brauchte auch nicht so viel Angst vor Autos zu haben. Der Lärm von den Autos fehlte hier.
Am Ende der drei Wochen hatte er eine ganz andere Vorstellung vom Land und fragte seine Großeltern, ob er öfter kommen könnte. Sie waren natürlich ganz begeistert von der Idee. In der Schule erzählte er von seinem tollen Urlaub. Einige wollten ihm nicht glauben, aber andere wussten, was er meinte, und mit ihnen vertrug er sich immer besser. Er wusste, dass die anderen ihn auch irgendwann verstehen würden.

1. Where did Kurt live?
   Why did he not mind spending some time away from home?
2. Why was Kurt not so enthusiastic about staying out the country?
3. What happened to Kurt in Siegen?

4. How did Kurt spend his time at his grandparents?
5. Had his attitude to the countryside changed by the time he went home?

Passage 14

Brieffreundin zu Besuch

Am 15. Juli war es so weit. Die Brieffreundin aus England sollte um 15.30 Uhr in Düsseldorf landen, und meine Eltern und ich sollten sie vom Flughafen abholen. Der Tag hatte schlecht angefangen, denn morgens hatte mein Vater eine Reifenpanne, als er das Auto aus der Garage herausholte.

Um 12.00 Uhr sind wir dann losgefahren, denn wir wollten ein bisschen früher am Flughafen sein und uns die Flugzeuge, die Geschäfte und die ganze Atmosphäre ansehen. Aber wir hatten nicht mit dem Verkehr gerechnet. Gerade an dem Tag war Ferienanfang für die Schulen in Nordrhein-Westfalen und Hessen, und jetzt wollten natürlich Hunderttausende zu ihrem Urlaubsziel fahren: nach Bayern, an die Nordsee und Ostsee, nach Österreich, Italien, Spanien, in die Schweiz usw. Es gab lange Verkehrsstaus auf den Autobahnen. Der Tag war auch sehr heiß mit Temperaturen von über 30 Grad. Wir sahen viele kleine Unfälle.

Die letzten zehn Kilometer vor dem Flughafen waren die schlimmsten. Mein Vater machte das Radio an. Die Meldungen im Radio waren für uns nicht so gut: Staus überall. Wir wussten, dass wir nicht rechtzeitig am Flughafen sein würden. Was würde meine englische Brieffreundin denken! Ich hatte ihr ein Bild von uns geschickt, damit sie uns erkennen würde, und sie hatte geschrieben, dass sie an dem Tag ein weißes Kleid anziehen und zwei braune Koffer mithaben würde. Nun würde sie da stehen und warten!

Wir brauchten über vier Stunden, bis wir auf dem Parkplatz waren, eine Fahrt, die normalerweise nur eine Stunde dauert. Wir liefen sofort ins Gebäude, um Helen zu suchen. Das Flugzeug war pünktlich gelandet, sagte man uns an der Information. Endlich fanden wir die Helen. Sie saß auf einer Bank und las eine deutsche Mädchenzeitschrift. Sie erkannte uns sofort und war richtig froh, uns zu sehen.

Die Heimfahrt dauerte nicht so lang, und als wir zu Hause ankamen, setzten wir uns hin und erzählten uns alles über unsere Familien, Hobbys, Interessen und Schulen. Helen hatte auch für jeden von uns ein Geschenk. Meinem Vater schenkte sie eine Flasche schottischen Whisky, meiner Mutter schenkte sie eine Tischdecke, einen Pulli, den ihre Mutter gestrickt hatte, und eine englische Teekanne. Mir schenkte sie ein paar Bücher, eine Platte von einer englischen

Gruppe, eine schöne Karte von England, Sticker, Stifte und Kekse. Wir haben uns sehr gut vertragen.

1. How did the day begin so badly for Rita's father?
2. What happened on the way to the airport?
   Why did this problem crop up at this particular time?
3. What, according to Rita, are the destinations of the holidaymakers?
4. What arrangements did Rita make with Helen to make sure that they would recognise one another at the airport?
5. How long did the drive to the airport last?
   How long does it normally take?
6. What presents did Rita and her parents receive from Helen?

Passage 15

Ferien

Hurra, heute war unser letzter Schultag! Astrid und ich kamen strahlend aus der Schule nach Hause. Wir brauchten morgen nicht noch mal hin. Mutti hatte eine Sondererlaubnis vom Rektor geholt, damit meine Schwester und ich einen Tag früher Ferien haben konnten. Unsere Zeugnisse kriegten wir allerdings nicht früher; die würden wir erst später durch die Post bekommen. Zu Hause war alles schon vorbereitet. Wir wollten am Abend losfahren, denn dann sind die Autobahnen leer, und es ist nicht so heiß. Außerdem wollte Papa so früh wie möglich auf dem Campingplatz in Holland ankommen, damit wir einen guten Platz für unser Zelt kriegten, bevor der Rest der deutschen Urlauber hereinbrach. Mutti packte schon seit einer Woche. Das Wetter an der holländischen Küste war unberechenbar: es könnte ganz heiß und trocken sein, oder kalt und verregnet. In den vergangenen Jahren hatten wir immer eine Mischung gehabt. Also packte Mutti warme Pullover und dicke Regenjacken und Sommerkleider, T-Shirts und Shorts ein. Dann brauchten wir auch Spiele, Malzeug, Medikamente und was zum Lesen. Und das waren alles nur Nebensachen, wie Papa sie nannte.

Als wir in unsere Wohnung kamen, standen da schon die beiden Säcke mit dem Zelt, dann die Gasflasche, Kocher, die Bodenmatte, die Luftmatratzen, das Kochzeug und das Geschirr und Besteck. Im Schlafzimmer hatte Mutti schon drei große Taschen mit Kleidung vollgepackt.

Nach dem Mittagessen, Eintopf natürlich, packten Astrid und ich ein paar Sachen in unsere Rucksäcke und stellten sie in den Flur zum restlichen Gepäck. Ansonsten war alles für die Ferien organisiert. Oma würde jeden Tag vorbeikommen, um den Vogel zu füttern und die Blumen zu gießen. Sie würde auch die Reste aus dem Kühlschrank holen und den Briefkasten leeren.

Abends dann um 10 Uhr ging die schwierige Packerei los. Am Nachmittag war der Kofferraum schon beladen worden. „Seid ihr sicher, dass alles reinpasst ", fragte ich misstrauisch. Keiner antwortete mir. Dann wurden Schlafsäcke und anderes Bettzeug hinten auf die Sitzbank gelegt. Als wir uns ins Auto setzten, stießen wir fast mit dem Kopf an die Decke, aber wir saßen schön weich. Eine große Kiste kam zwischen Astrid und mich, an die Füße kriegte ich den großen Gaszylinder und meine Schwester eine Tasche. Zum Schluss durften wir noch unsere Rucksäcke auf dem Schoß halten. Mutti ging es auch nicht viel besser. Papa checkte nochmal nach, ob alle Lichter aus und die Türen abgeschlossen waren. „Was passiert, wenn wir mal müssen?" fragte ich meinen Vater vorsichtig. „Habe ich euch nicht gesagt, dass ihr alles vorher erledigen sollt? Das müsst ihr durchhalten, ihr seid keine Babys." Das würden vier lange Stunden werden.

1. (a) Why did the family want to set off on their holiday at night?
   (b) What kind of a holiday were they going on?
2. What kind of weather could they expect in Holland?
3. What type of clothing had the mother packed for the holiday?
4. Apart from clothing, what other items were being packed?
5. What jobs had the grandmother to do while they were on holidays?
6. (a) Where was all the stuff for the holiday packed?
   (b) What did the father do before they set off?

Passage 16

Ausreißen

Es war dunkel, als Sven und sein Bruder im Dorf ankamen. Nur in einem Haus brannte noch Licht. Sie hörten Hunde bellen, und sie hatten Angst, dass die Leute aufwachen und zum Fenster hinausschauen würden. Sie waren jetzt zehn Stunden unterwegs. Sie waren müde und hungrig. Sie hatten vor zwei Stunden ein Brötchen gegessen und eine Dose Limonade getrunken. Jetzt hatten sie nichts mehr zu essen. Sie wollten einen Schlafplatz suchen, aber wo? Es war Herbst, und das Wetter war gut. Sie sahen eine Scheune mit Strohballen darin und legten sich in ihre Schlafsäcke.

„Und was machen wir morgen," fragte Werner. Sven, der ältere von den beiden, hatte keinen festen Plan ausgedacht. Er wusste, dass die Polizei sie suchen würde und dass jemand im Dorf ihr Bild in der Zeitung sehen würde. „Wir gehen morgen ins Dorf und versuchen etwas zu kaufen." "Aber was machen wir, wenn die uns erkennen?" fragte Sven. "Dann müssen wir schnell weglaufen. Aber ich glaube nicht, dass wir auffallen. Unser Bild wird morgen bestimmt noch nicht in der Zeitung sein. Das ist zu früh. Übermorgen wahrscheinlich. Wir können dann per Anhalter nach Frankfurt fahren, und vielleicht sind wir morgen nachmittag schon da. Da können wir in einer Jugendherberge übernachten. Wir haben genug Geld für zwei Wochen." "Werden die Eltern sehr böse sein?" fragte Werner. "Wir rufen sie von Frankfurt aus an", antwortete Sven, "und wenn sie noch auf uns böse sind, bleiben wir einfach so lange in Frankfurt, bis sie es nicht mehr sind. Und jetzt schlafen wir."

Aber Werner konnte nicht schlafen. Die Beine schmerzten ihn, er hatte Hunger, und er dachte an seine Eltern und an sein bequemes Bett. Sven machte sich andere Gedanken. Er dachte an die Schwierigkeiten, die sie in Frankfurt haben würden. Die Polizei würde bestimmt bei allen Jugendherbergen nachfragen. Sie hatten auch keine anderen Sachen zum Anziehen, als das was sie jetzt anhatten. Sollten sie trotzdem nach Frankfurt?

1. What were they afraid of when they arrived?
2. Where did they find a place to sleep?
3. Why were they so anxious about going into the village next day?
4. How did they intend getting to Frankfurt?
   Where were they going to stay when they got there?
5. What were they both thinking of before going to sleep?

Passage 17

Die Clique

Die Imbissstube ist nicht weit von der Schule. Dort stehen mittags immer einige von der Clique und warten auf die anderen. Jens findet es prima, dass er jetzt dazugehört und nicht mehr so allein ist.
Jetzt klingelt's. Die letzte Stunde an diesem Tag ist zu Ende, und das richtige Leben kann beginnen. Sie gehen alle zum Schnellimbiss und bestellen etwas: Frikadelle mit Pommes, Currywurst, Bratwurst, Schaschlik. Die Eltern arbeiten, und die Kinder haben keine Lust, selber was zu kochen. Sie stehen da und lachen, reden und knabbern, dann gehen sie weiter. Aber Jens fehlt noch. Plötzlich sehen sie ihn aus der Schule kommen: blonde Haare, Brille, grüner Anorak, blaue Jeanshose. "Na, was wollte der Lehrer?" fragen sie. "Ach, immer dasselbe. Er fragte, wo ich gestern war und warum meine Mutter nicht angerufen hätte. Ich bin es leid. Ich gehe nach Haus."

Zu Hause erwartet ihn eine leere Wohnung. Er sieht, wie unordentlich alles ist. Der Staubsauger steht mitten im Flur. Die Spüle ist voll mit schmutzigem Geschirr. Der Aschenbecher und die Morgenzeitung liegen noch auf dem Tisch, und die Betten sind noch nicht gemacht. Jens will in die Stadt zurück. Es macht ihm Spaß, ein bisschen im Stadtzentrum herumzuhängen, besonders wenn die Geschäfte noch geöffnet sind. Er mag die vielen hellen Schaufenster, das Leben um sich, die Autos, alles. Früher gingen sie ins Café Treff, aber jetzt ist das verboten. Sie saßen so lange an ihren Flaschen Sprudel, waren laut und machten Bemerkungen über die anderen Gäste. Wenn Leute sie sahen, kamen sie gar nicht herein. Jetzt waren sie ausgesperrt.
Plötzlich stolpert Jens über eine Obstkiste vor einem Obst- und Gemüseladen und fällt kopfüber hin. Der Fuß tut ihm weh. Er wird heiß vor Wut, nimmt einen Apfel aus der Kiste und wirft ihn mit ganzer Kraft durch die Fensterscheibe. Klirr! Die Fensterscheibe ist kaputt. Damit hatte er nicht gerechnet. Er bleibt eine Sekunde unbewegt stehen und blickt auf das Fenster. Dann stürmt er hinunter zum Marktplatz, wo die anderen ihn erwarten. Ein paar sitzen auf der Mauer, andere sitzen oder stehen herum. Sie rauchen, kauen Gummi oder starren einfach vor sich hin. Aber als Jens erzählt, was er gemacht hat, werden sie wieder aufgeregt. Jetzt kommt ein bisschen Abenteuer in ihr Leben.

1. What did the pupils have to eat at the snack-stall?
   Why did they not eat at home?
2. Describe Jen's appearance.
3. In what condition was the apartment when Jens opened the door?
4. What does Jens like about the city centre?
5. Why were the members of the clique barred from Café Treff?
6. How did Jens react to falling over the box?
7. What were his friends doing when Jens arrived at the square?

Passage 18

Die Alte

Sie sitzt am Schalter im Bahnhof, nimmt Geld entgegen, knipst Fahrscheine. Sie trägt eine blaue Uniform, hat braunes Haar und eine altmodische Brille. Sie ist auch alt und ist deshalb leicht zu ärgern. Für die Kinder ist sie sehr alt. Sie könnte vierzig, fünfzig oder sechzig Jahre alt sein. Das spielt für sie keine Rolle. Und weil die Kinder sie immer ärgern, kann sie sie nicht ausstehen. Sie beginnt zu toben und zu schimpfen, sobald sie in die Eingangshalle der U-Bahn kommen. Auf der einen Seite steht der Kiosk, und daneben sind die Eingänge für die

Fahrgäste. Irgend etwas passiert immer in der Halle. Fahrgäste kommen und gehen. Die meisten sind in Eile. Aber nicht nur Passagiere kommen vorbei. Auch andere halten sich dort auf; manche kaufen etwas an den Automaten: Schokolade, Kekse, Blumen, eine Tasse Kaffee, Kakao, eine Zeitung; andere wollen nur die Fahrpläne studieren. Dann gibt es Leute, die herumstehen und warten — meistens mit langen Gesichtern, die plötzlich lächeln, wenn jemand kommt, den sie kennen. Die Kinder kommen gern hierher, wenn das Jugendzentrum geschlossen ist. Fast doppelt so viele Mädchen wie Jungen gehören zur Clique. Seit einer Woche ist die Ulla auch dabei. Sie machte sich schnell beliebt, denn sie hatte immer Geld und war nie knauserig. Plötzlich hören sie die Stimme der Alten:„Was habt ihr eigentlich für Eltern!" ruft sie. Die Kinder lachen, und dann gehen sie zum Schalter und stellen sich vor das Schalterfenster. Sie behindern die Fahrgäste. „Haut ab!" schreit die Alte und wird immer wütender. Plötzlich steht ein Polizist zwischen ihnen. Sie haben ihn gar nicht bemerkt. „Was macht ihr denn hier?" fragt er. „Könnt ihr ein bisschen leiser sein? Die Halle ist für Passagiere der U-Bahn. Könnt ihr nicht woanders hingehen?" „Aber wohin?" fragt ein Mädchen. Der Polizist redet mit ihnen und geht mit ihnen hinaus auf den Platz. „Und was sollen wir jetzt machen?" fragen einige. „Wir warten einfach, bis der Polizist weg ist und gehen wieder in die Halle rein."

Bald sind sie alle wieder in der Wärme. Sie sehen zwei jüngere Kinder mit Süßigkeiten und Würstchen. „Ärgern wir die beiden", schlägt einer vor. Sie kennen die Kinder, da sie in dieselbe Schule gehen und in der gleichen Nachbarschaft wohnen. Sie gehen auf die beiden zu und schnappen ihnen die Würstchen und Süßigkeiten aus der Hand und laufen weg. Aber 20 Meter vor ihnen steht wieder der gleiche Polizist.

1. What job does "die Alte" have?
   Describe her.
2. Why does the "old one" not like the children?
3. Describe what the different people in the entrance hall are doing.
4. Are girls allowed into the group? Explain.
5. Why did Ulla become popular so quickly?
6. What did they do to annoy the two younger children?
   How did they know the two children?

Passage 19

Ein neues Leben

Jan kam im Januar in die neue Schule. Seine Mutter begleitete ihn am ersten Tag, denn sie wollte mit dem Klassenlehrer sprechen und ihm die Hintergründe des

Schulwechsels erklären. Jetzt stand Jan vor der neuen Klasse. Vierundzwanzig Jungen und Mädchen sahen ihn an, als wäre er vom Mond. Sie flüsterten und kicherten und starrten zu ihm hin. Da sagte der Lehrer:„Das ist Jan Benz. Seine Mutter und er sind letzte Woche in unsere Stadt umgezogen." Dann zeigte er Jan seinen Platz.

In der Pause fragte ihn ein Mädchen, warum seine Mutter umgezogen sei und ob er keinen Vater hätte. Er wollte aber nichts von der Scheidung seiner Eltern sagen und sagte, sein Vater wäre tot. Dann klingelte es. Er ging wieder in sein Klassenzimmer und setzte sich auf seinen Platz. Er saß neben Katharina Kowalski. Sie war die Klassenbeste und meldete sich immer, wenn der Lehrer was fragte. Jan konnte sie von Anfang an nicht leiden. Ihre Stimme war zu laut, sie war eingebildet, und sie war ganz hager und hatte Mundgeruch. Sie mochte ihn auch nicht. Sie war in allen Fächern die Beste. Aber alles, was sie wusste, wusste Jan auch, nur dass er es am ersten Tag nicht gleich zeigen wollte.

Er musste den Weg nach Hause selber finden. Am Sonntag waren seine Mutter und er die Strecke mit dem Auto gefahren. Heute fuhr er mit dem Bus. Die Haltestelle war direkt neben der Johanniskirche, ungefähr 200 Meter von der Schule entfernt. Er musste an der sechsten Haltestelle aussteigen, und dann waren es nur 100 Meter zum Hochhaus, wo sie eine Wohnung im fünften Stock hatten. Er hatte einen Schlüssel und konnte kommen und gehen, wie er wollte. Er setzte sich als erstes hin und aß Erdnüsse und Chips. Dann machte er das Videogerät an. Hauptsache, ein bisschen Lärm. Er guckte sich Musikvideos an, die er vom Fernsehen aufgenommen hatte. Aber egal, was er machte, musste er immer an seinen Vater denken, obwohl seine Eltern sich vor drei Monaten hatten scheiden lassen. Früher hatte sein Vater ihn überallhin mitgenommen: zum Fußball, ins Kino, ins Museum. Aber dann kam die Scheidung, und sein Vater wollte ihn nicht haben. Das war der schlimmste Schock für ihn gewesen.

Bald kam seine Mutter von der Arbeit. Sie brachte Pizzas mit, die sie nur im Backofen aufzuwärmen brauchten. Sie erzählte von ihrer neuen Stelle, von ihren neuen Kollegen und fragte ihn auch, wie es in der Schule war, ob die Lehrer nett wären, ob die anderen in der Klasse freundlich wären. Nach dem Essen machten sie zusammen die Hausaufgaben. Sie merkte aber, dass er sich nicht konzentrierte. Sie konnte nur hoffen, dass es im Lauf der Zeit besser werden würde.

1. How did the other pupils react, when Jan was first introduced to the class?
2. How did Jan react to the questions about his father?
   Why did he not tell the truth?
3. Why did Jan not like Katharina Kowalski?

4. Did Jan have any difficulty getting the bus home? Why/why not?
5. What did Jan do when he got home?
6. What did his mother want to know when she got home?

Passage 20

Peter und seine Eltern

Es war der 22. Juni. Wir bekamen unsere Ferien an diesem Tag und auch unsere Zeugnisse. Meine schlechteste Note war eine Vier in Mathe, aber das ist ja auch das Fach, das ich am wenigsten mag. Ich mag den Lehrer einfach nicht. Er meckert immer herum, wenn man was nicht kann, und wenn wir Fragen stellen, sagt er immer, wir sollten besser aufpassen. Ich war aber sonst ganz zufrieden mit dem Zeugnis. Ich freute mich darauf, es meinen Eltern zu zeigen.

Am Abend vorher hatten wir die Ferien besprochen. Meine Eltern wollten schon wieder mit dem Wohnwagen nach Bayern fahren, aber ich hatte gesagt, ich wollte nicht mit. Ich wollte einen Sommerjob haben und ein bisschen Geld dazuverdienen. Angebote gab's genug in der Zeitung. Gesucht wurden vor allem Hilfskräfte in Hotels and Restaurants. Meine Eltern waren anfangs dagegen, aber mein Vater hat verstanden, warum ich das machen wollte, und zusammen überredeten wir meine Mutter. Ich bin ein Einzelkind, und sie denkt, ich wäre immer noch ihr Baby, aber ich bin fast 17. Wir lasen die Annoncen durch, und ich habe ein paar Telefonnummern ausgesucht. Ich wollte dann am nächsten Tag anrufen und mich vorstellen. Als Sechzehnjähriger darf ich sowieso nicht vollzeitig arbeiten. Meine Eltern wollten dann für drei Wochen quer durch Deutschland fahren.

Als ich aus der Straßenbahn ausstieg, hörte ich die Sirenen schon. Ich dachte, dass das alte Haus in der Benildusstraße brennen würde, denn die Kinder aus der Nachbarschaft spielen immer dort, und viele spielen mit Streichhölzern und rauchen. Aber als ich in unsere Straße einbog, sah ich, dass Rauch aus unserem Haus kam. Meine Mutter stand auf der Straße und schrie. Die Feuerwehrleute versuchten, so viele Sachen wie möglich zu retten: Möbel, Bücher, Bilder, Geschirr, Kleidung. Das Feuer war schon unter Kontrolle, aber der Rauch und das Wasser hatten viel Schaden angerichtet.

Jetzt wird das Haus repariert, und meine Eltern und ich wohnen so lange im Wohnwagen. Wir haben ein Grundstück gepachtet, und ich kann jeden Tag mit dem Bus zur Arbeit im Hotel fahren. Ich arbeite als Spüler in der Küche. Meine

Eltern fahren dieses Jahr nicht weg — sie machen ihren Wohnwagenurlaub hier in der Nähe.

1. Why does the narrator not like the mathematics teacher?
2. What kind of holiday had the parents planned?
3. How did Peter want to spend the holidays?
4. How did Peter set about finding a job?
5. Why was Peter so surprised when he turned into his own street?
6. How did Peter and his parents finally spend the holidays?

READING COMPREHENSION

EXAMINATION PAPER 1985

Read the information carefully and then answer as instructed in each case. Answer the questions which follow the passage:

In den meisten deutschen Schulen hat man nur morgens Unterricht. Nach sechs Stunden ist der Schultag schon zu Ende, und deswegen haben Schüler nur wenig Zeit, miteinander zu reden und Klassenkameraden besser kennenzulernen. In einer Ganztagsschule in Irland bleibt man ab und zu noch eine Stunde nach Schulschluss da, um ein Theaterstück einzuüben, um Musik zu spielen oder vielleicht um Sport zu treiben.
So ist man öfters mit den Mitschülern zusammen.

Bei uns in der Bettinaschule in Frankfurt gibt es so etwas nur selten. Um so wichtiger ist also die jährliche Klassenfahrt. Die kleineren Kinder besuchen einen Zoo oder machen eine Waldwanderung. Wir älteren dürfen weiter weg fahren — manchmal sogar ins Ausland. Jede Klasse möchte, dass ihre Klassenfahrt ein großer Erfolg wird. Deshalb muss man alles im voraus ziemlich genau planen. Eine Begleitperson muss natürlich immer bei einer solchen Fahrt dabei sein, und meistens lädt die Klasse ihren Lieblingslehrer oder ihre Lieblingslehrerin ein.

Vor einem Jahr hat meine Klasse ein Dorf in Österreich als Reiseziel gewählt. Wir haben einen Autobus gemietet und sind früh am Morgen losgefahren. Von Frankfurt nach Meiersdorf ist eine ziemliche Strecke, und wir mussten gut drei Stunden an der Grenze warten. Kurz nach Salzburg hatten wir auch noch eine Panne. Uns hat das nichts ausgemacht, aber als wir endlich in Meiersdorf ankamen, waren der Fahrer und die Lehrerin beide schlechter Laune. Danach vergingen die Tage ohne Probleme, und wir haben sehr viel Spaß gehabt.

QUESTIONS

1. According to this account, what is the disadvantage of having all the classes in the morning?
2. Give two reasons (from the text) why Irish pupils sometimes stay behind after school.
3. Where do the younger pupils at German schools go for their school outings?
4. Do pupils in German schools go away on school outings unaccompanied?
5. Give two reasons why the group travelling from Frankfurt to Meiersdorf arrived at their destination later than intended.

EXAMINATION PAPER 1986

Read the information carefully and then answer as instructed in each case. Answer the questions which follow the passage:

Der Laden um die Ecke

Gestern wurde der kleine Laden der Oberbauers bei uns um die Ecke geschlossen — geschlossen für immer. Die Leute in der Nachbarschaft wollen es immer noch nicht glauben. Wo sollen wir jetzt Butter und Käse, Obst und Gemüse, Reis und Mehl kaufen? Wo können wir jetzt Mineralwasser oder Bier, Waschpulver oder Seife bekommen? So und ähnlich lauten die erstaunten Fragen der Nachbarn im Stadtviertel.

Ja, warum haben die Oberbauers ihr Geschäft endgültig geschlossen? Sie sind nicht krank, sondern konnten einfach von ihrem Laden nicht mehr leben, sie haben zu wenig verkauft. Denn die meisten Leute fahren wie wir mit dem Auto zu den großen Kaufhäusern im Stadtzentrum. Dort kann man in den verschiedenen Abteilungen nicht nur Lebensmittel kaufen, sondern gleichzeitig auch Kleidung und Schuhe, Haushaltsgeräte wie Kühlschränke und Elektroherde, Fernseher und Waschmaschinen.

Und geparkt wird im Parkhaus nebenan. Oder die Leute fahren zu den neuen Einkaufszentren mit den riesigen Parkplätzen am Stadrand. Denn da überall sind die Waren oft billiger als in den kleinen Läden um die Ecke.

Alle, die jetzt so erstaunt fragen, wo sie einkaufen sollen, haben ja nur noch wenig bei den Oberbauers gekauft, wie auch wir: vielleicht einen Salat oder etwas Mehl und Zucker — nur noch kleine Dinge, die man schnell braucht. Davon konnte das kleine Geschäft um die Ecke wirklich nicht leben.

Wir vermissen ein bisschen den gemütlichen Laden der Oberbauers. Echt traurig aber sind die alten und kranken Leute, oder Familien ohne Auto. Die haben jetzt einen weiten Weg, wenn sie einkaufen wollen.

QUESTIONS

1. In English, list *five* things that people can no longer buy in the neighbourhood, according to this passage.
2. Why did the Oberbauers close their shop for good?
3. Why do people like shopping in the city centre department stores, according to this passage?
4. What did people actually buy in the Oberbauers' shop?
5. Who will suffer most from the closure of the Oberbauers' shop? Why?

EXAMINATION PAPER 1987

Read the information carefully and then answer as instructed in each case. Answer the questions which follow the passage:

Besuch im Modehaus Guggenheimer

Julia fährt zum ersten Mal mit der Straßenbahn in die Stadt. Das Modehaus Guggenheimer liegt direkt an einer Straßenbahnhaltestelle und ist nicht zu verfehlen. Es ist ein großes Gebäude mit mehreren Stockwerken, und die großen blauen Buchstaben „Guggenheimer" sieht man schon von weitem. Julia ist etwas nervös, sie will heute ihre Mutter besuchen, die hier seit drei Tagen arbeitet. Sie sind ja erst letzte Woche von ihrer kleinen Stadt in die fremde Großstadt gekommen. Und ihre Mutter weiß nicht, dass sie sie heute besucht.

Drinnen im Erdgeschoss sieht sich Julia noch etwas unsicher um, sie sieht all die Blusen, Röcke, Pullover, Hüte, Schals, Hemden, Krawatten, aber auch Handtaschen und Schuhe. Eine in Blau gekleidete Dame, die selbst aussieht wie eine Modepuppe, tritt einen Schritt auf sie zu und sagt: „Sie wünschen bitte?"

Julia ist erstaunt. Noch nie hat jemand „Sie" zu ihr gesagt. Aber vielleicht werden in Modehäusern schon Kinder mit „Sie" angesprochen, wenn sie etwas kaufen wollen. „Ich möchte nichts kaufen", erklärt Julia klar und deutlich, „ich möchte nur zu meiner Mutter, zu Frau Seeberger". „Ach, zu Frau Seeberger willst du. Arbeitet sie nicht in der Personalabteilung?" „Ja, richtig", antwortet Julia. „Das ist leicht zu finden. Nimm den Lift zum 6. Stock." Julia bemerkt, dass die Verkäuferin jetzt „du" gesagt hat.

Sie fährt dann in den 6. Stock, wie es die Verkäuferin erklärt hat.
Und liest im Lift, als sie nach oben fährt:

2. Stock: KINDERKLEIDUNG
3. Stock: HERRENKLEIDUNG
4. Stock: FREIZEITKLEIDUNG

... ja, da wird sie später hingehen, sie möchte sehen, was man alles für die Sommerferien kaufen kann: Badeanzüge, Jeans, Turnschuhe usw.

Und der der Lift fährt weiter. 5. Stock — 6. Stock. Julia steigt aus.

131

QUESTIONS

1. What makes the Guggenheimer fashion store easy to find?
2. Why is Julia nervous? Give *two* reasons.
3. In English, list *five* of the items on display on the ground floor of the fashion store.
4. Why is Julia astonished when the saleslady addresses her?
5. What are her reasons for going:
   (a) to the sixth floor?
   (b) to the fourth floor?

EXAMINATION PAPER 1988

Read the information carefully and then answer as instructed in each case. Answer the questions which follow the passage:

(Martin and his classmate Christoph arrive in Vienna. Martin tells the story.)

Die Wohnung in Wien

Eigentlich wollten Christoph und ich in einer Jugendherberge in Wien übernachten, aber da ist alles besetzt. Kein Bett ist mehr frei. Außerdem hat es begonnen zu regnen, also kein Wetter für unser Zelt. Wir können so auch nicht auf dem Campingplatz übernachten!

Doch ich habe eine Idee: Achim, ein Freund meiner Eltern, ist Kameramann beim österreichischen Fernsehen, beim O.R.T. hier in Wien. Warum nicht Achim anrufen? Ich gehe zur nächsten Telefonzelle, rufe Achim an, und wir haben Glück, großes Glück sogar. Wir können solange in der Wohnung von Achim bleiben, wie wir wollen. Denn Achim muss morgen früh für zwei Wochen nach Hamburg, um einen Film zu drehen. Kaum zu glauben, Christoph und ich zwei Wochen in seiner Wohnung in Wien!

Als wir ankommen, begrüßt Achim uns herzlich und zeigt uns die Wohnung. Sie liegt an einem Park. Vom Balkon aus sieht man die schönen alten Bäume im Park. Achim geht dann zu einem Schrank und öffnet ihn. „Hier sind meine Schallplatten", sagt er. „Den Plattenspieler habe ich gerade erst gekauft, er klingt ausgezeichnet. Ich habe aber keinen Fernseher. Wenn man beim Fernsehen arbeitet, dann hat man einfach keine Lust und auch keine Zeit, abends vor dem Fernseher zu sitzen."

Dann geht er zum Kühlschrank in der Küche, öffnet ihn und sagt: „Seht her, Martin und Christoph, da steht noch einiges — Eier, Milch, Butter, Käse, auch Gurken und Tomaten, wenn ihr wollt, ein paar Flaschen Mineralwasser und Orangensaft. Und wenn ihr sonst noch etwas braucht, zwei Blöcke weiter an der Ecke ist ein Lebensmittelgeschäft. Da könnt ihr alles kaufen."

Am nächsten Morgen reist Achim ab, und die Wohnung gehört jetzt uns ganz allein. Drei Zimmer und Bad und Balkon und Küche und ein Schrank voller Platten und meterweise Bücher und ein Schwimmbad in der Nähe, und das Ganze in Wien.

QUESTIONS

1. Why are Martin and Christoph unable to camp or to stay at the youth hostel as they had intended?
2. How do they manage to find a place to stay?
3. Achim does not have a television set in his apartment. What reason does he give for this?
4. Achim kindly offers them food in his fridge. List any *five* items in it.
5. The boys fall in love with the *apartment* and its *setting*. Give *four* reasons for this.

EXAMINATION PAPER 1989

Read the information carefully and then answer as instructed in each case. Answer the questions which follow the passage:

Der Igel

An einem kalten Morgen im November sieht Petra auf der Terrasse vor ihrem Haus einen Igel. Ein Igel im November! Das ist aber seltsam, denn eigentlich halten die Igel im November Winterschlaf. Dieser Igel ist wohl krank. Petra holt dicke Handschuhe und trägt den Igel ins Haus. Zuerst legt sie das Tier auf die Waage: nur 529 Gramm — viel zuwenig für einen gesunden Igel.

Das kleine Tier braucht also Hilfe. Petra badet den Igel in warmem Wasser und wäscht ihn mit Haarshampoo. Der Igel rollt sich zusammen und streckt seine Stacheln in alle Richtungen. Petra legt ihn in ein warmes Handtuch. Da schaut er wieder vorsichtig hervor.

Danach gibt Petra dem kleinen Gast ein feines Frühstück: Hackfleisch und frisches Wasser. Igel essen auch gern Hunde- und Katzenfutter, Haferflocken, Fisch und Eier, aber dieser Igel will überhaupt nichts essen.

Petra bringt ihn zu einem Tierarzt in ihrem Ort. Der meint: Der Igel hat Würmer. Das Stacheltier bekommt deshalb gleich eine Spritze. Zwei Wochen lang muss Petra nun den Igel pflegen — warmhalten und füttern. Dann hat er wieder sein normales Gewicht: 800 Gramm. Jetzt möchte er auch seinen Winterschlaf beginnen. Man sieht es deutlich: Er läuft ganz langsam und versucht ein Nest zu bauen.

Petra setzt ihn in ein kleines Haus aus Holz. Das stellt sie in einen kühlen Raum im Keller. Aber auch beim Winterschlaf braucht der Igel Pflege. Zweimal in der Woche muss Petra das Schlafhaus reinigen, und sie stellt dann immer Futter und Wasser vor den Eingang. Der Igel braucht es, wenn er einmal kurz aufwacht. Anfang April wird der Igel wieder richtig wach, aber Petra darf ihn leider nicht als Haustier behalten. Sie setzt ihn also wieder zurück in den Garten. Er hat seine Freiheit wieder.

QUESTIONS

1. Give *two* reasons why Petra thought that the hedgehog she found outside must be sick. *(Paragraph 1)*
2. How did Petra try to help the hedgehog after she brought it inside? *(Paragraph 2)*
3. List (in English) *four* foods mentioned here that hedgehogs like to eat. *(Paragraph 3)*
4. In what ways was it obvious that the hedgehog was back to normal after two weeks of being looked after ('Pflege/pflegen') by Petra? *(Paragraph 4)*
5. Petra set up a little house for the hedgehog in the basement. How did she continue to look after it until April?

EXAMINATION PAPER 1990

Read the information carefully and then answer as instructed in each case. Answer the questions which follow the passage:

Stefans Geburtstag

Gestern bin ich zehn geworden. In der Früh hat mich Mama mit einem Geburtstagskuss geweckt. Und was stand neben meinem Bett? Das neue Fahrrad! Hurra! Dabei haben Mama und Papa immer wieder gesagt: Fahrrad? Das schlag dir aus dem Kopf! Das kannst du vergessen! Und da war es nun — eine große Überraschung für mich. Neben dem Fahrrad lagen eine Schallplatte von meiner Schwester Martina, ein schöner Fußball von meiner Oma und zwei Bücher von Tante Anna. Ich wollte gleich mit dem Rad fahren. Fußball spielen - das war leider jetzt nicht möglich.

Ich musste ja auch an diesem Morgen zur Schule, wie immer. Für die Party am Nachmittag hatte ich meine Freunde eingeladen. Mama hatte mir für die Party einen Berg belegter Brote versprochen, Brote mit Wurst und Schinken und Käse und Gurken - und natürlich auch einen besonderen Geburtstagskuchen: eine echte Geburtstagstorte!

Wie ich mittags von der Schule komme, sehe ich schon von weitem einen Krankenwagen vor unserem Haus. „Das ist wohl wieder der Herr Hofer aus dem dritten Stock", denke ich. Den hatten sie schon ein paarmal ins Krankenhaus gebracht, er ist schon alt und oft schwer krank. Und jetzt tragen zwei Männer die Tragbahre aus dem Haus - und darauf liegt meine Mama.

„Mama", schreie ich und laufe hin.

Papa ist auch schon da. Den haben sie schnell aus seinem Büro geholt, das ist ganz nahe bei unserer Wohnung. „Schrei nicht so", sagt Papa, „nimm dich zusammen."

Mama sieht mich an und sagt: „Armer Stefan, so ein Pech, gerade heute, an deinem Geburtstag!"

„Lass den Gerburtstag, Mama, was hast du denn?"

„Einen Beinbruch", sagt Papa.

Ein Beinbruch — und schuld an allem war mein Geburtstagskuchen, die Torte. Mama wollte den Mixer von oben im Küchenschrank herunterholen, ist auf einen Stuhl gestiegen — und da ist es schon passiert: Der Stuhl ist weggerutscht, Mama ist runtergefallen und hat sich dabei das Bein gebrochen. So ein Pech — den Geburtstag werde ich nicht so schnell vergessen!

QUESTIONS

1. Why was Stefan surprised at getting a bicycle for his birthday?
2. What other presents did he get, and from whom?
3. What food was to be provided for the party?
4. Returning from school, Stefan saw an ambulance stopped outside his apartment block/house.
   (a) Who did he think it had come for?
   (b) Why did he think that?
5. Stefan was upset to see his mother on the stretcher. What reaction to Stefan's scream was shown by:
   (a) his father?
   (b) his mother?
6. What was his mother's injury, and how did it come about?

EXAMINATION PAPER 1991

Answer the questions which follow the passage:

Philipp und Miriam kaufen im Supermart ein

Miriam Schlotte ist 12 Jahre alt und ist vor ein paar Monaten nach Hannover umgezogen. Da Frau Schlotte arbeiten muss, sucht sie jemand, der während des Tages auf Miriam aufpasst. Sie findet eine nette Familie mit nur einem Kind, Philipp heißt der Junge und ist 13 Jahre alt.
Philipps Mutter findet es nicht besonders gut, dass er ganz ohne Geschwister aufwachsen muss. Sie freut sich daher, dass Miriam nun während des Tages bei ihnen sein wird.

Eines Morgens während der Sommerferien fragt Philipps Mutter: „Philipp, würdest du bitte für mich in den Supermarkt einkaufen gehen? Ich muss Fenster putzen — heute nachmittag kommt Oma zu Besuch!" Philipp schaut zu Miriam und sagt: „Nur wenn Miriam mitkommt — sonst nicht!" Miriam nickt: „Aber sicher komme ich mit." Mutter gibt jedem Kind eine Einkaufstasche. Philipp, der älter ist, bekommt noch die Geldbörse. „Was sollen wir denn alles einkaufen?" fragt er. „Es steht alles auf der Einkaufsliste in der Geldbörse. Nur etwas zum Mittagessen", antwortet Mutter.

Die Kinder gehen los. Kurze Zeit später sind sie auch schon im Supermarkt. Philipp sucht die Einkaufsliste in der Geldbörse, findet sie aber nicht. Wo ist denn die Liste? Sie suchen in ihren Hosentaschen, in ihren Einkaufstaschen, nochmals in der Geldbörse — überall. Aber keine Liste! Was nun? „Ohne Einkaufsliste wissen wir jar gar nicht, was wir einkaufen sollen", sagt Philipp. „Was soll es denn zum Mittagessen geben?" fragt Miriam. „Ich weiß nicht, was Mutti fürs Mittagessen geplant hat", antwortet Philipp.

„Pass auf!" sagt Miriam. „Warum kochen wir nicht heute das Mittagessen? Dann wissen wir auch, was wir brauchen, und deine Mutter freut sich bestimmt darüber." „Wir beide? Ich kann nur Spiegeleier," sagt Philipp. Miriam beruhigt ihn und sagt: „Ich weiß, wie man Spaghetti mit Schinken und Tomatensauce macht. Hinterher gibt es noch Obstsalat mit Sahne. Alles kein Problem! In der Geldbörse ist genügend Geld.
Du kannst mir ja dabei helfen, wenn du willst."

„Weißt du denn, was wir für so ein Essen alles brauchen?" fragt Philipp besorgt. „Klar", nickt Miriam. „Also Spaghetti, eine Dose Tomaten, Zwiebeln, Sellerie, Karotten . . . und für den Obstsalat: Bananen, Äpfel, Apfelsinen und einen Becher Sahne. Ach ja, dann noch den Schinken. Das ist schon alles!"

„Prima!" antwortet Philipp. „Aber vielleicht kaufen wir besser auch noch das, was man jeden Tag so braucht: Brot, Butter, Milch — was meinst du?" „Ja, gute Idee!" findet Miriam.

QUESTIONS

1. Philipp's mother has started to mind Miriam Schlotte during the day. Find in the text *two* reasons why she is doing this. *(Par. 1)*
2. Philipp is asked to go shopping.
   (a) Why can his mother not go?
   (b) On what condition will Philipp agree to go? *(Par. 2)*
3. What is given to (a) Miriam, (b) Philipp, to enable them to do the shopping? *(Par. 2)*
4. In the supermarket, Philipp can't find the shopping list.
   (a) Where does it look for it?
   (b) Why can he not go ahead and shop for lunch anyway? *(Par. 3)*
5. Miriam suggests she and Philipp cook the lunch: what will they make? *(Par. 4)*
6. What food do they buy
   (a) for the lunch itself? (List *six* items) *(Par. 5)*
   (b) to have in the house for general use? *(Par. 6)*

EXAMINATION PAPER 1992

Answer the questions which follow the passage:

Das Geschenk

Adam saß in der letzten Bank in seinem Klassenzimmer. Er konnte von dort alle anderen Kinder beobachten. Die anderen Kinder anzuschauen, machte ihm viel Spaß. Anna war das stillste Mädchen in der Klasse.

Er fragte sich oft, warum Anna so still, fleißig und einsam war. Er konnte es nicht verstehen. Während der Pause beobachtete er sie und merkte, dass sie nichts zu essen hatte. Sie spielte auch nicht mit den anderen Kindern. Sie stand einfach da und machte nichts.

Am nächsten Tag brachte Adam ihr ein Butterbrot. Er kam als erster ins Klassenzimmer und legte das Butterbrot auf ihren Platz. Als Anna das Brot sah, schaute sie sich unsicher um. Sie wusste nicht, wer es ihr gegeben hatte und wie sie reagieren sollte.

Am folgenden Morgen legte er ihr ein Brötchen auf den Tisch. Anna wusste immer noch nicht, woher es kam, aber sie drehte sich nicht um. So war es auch mit dem Stück Apfelkuchen, das nach dem Brötchen kam.

Adam beschloss, Anna zu Hause zu besuchen. Am nächsten Tag auf dem Weg nach Hause klopfte er bei ihr an. Das Haus war klein und dunkel. Der Fußboden war nackt, ohne Teppich. Obwohl es draußen schon fast dunkel war, war kein Licht im Haus an. In der Küche standen nur ein Tisch, drei Stühle und ein Schrank — sonst nichts.

Langsam verstand Adam alles. Er legte die Apfelsine, die er als Geschenk mitgebracht hatte, auf den Tisch und sagte schnell Auf Wiedersehen.

Eine Woche später klopfte Anna an Adams Haustür. Adam wollte sie ins Wohnzimmer bringen, aber sie blieb draußen stehen. Sie wollte nicht ins Haus kommen. Erst dann bemerkte er, dass sie etwas in den Händen trug: ein ganz kleines, weißes Kaninchen. Das erste Geschenk für Adam.

QUESTIONS

1. Why did Adam like sitting at the back of the class?
2. What struck Adam as unusual about Anna's behaviour at school?
3. (a) Specify *two* of the presents which Adam gave Anna in school.
   (b) What did Anna do when she saw the presents which Adam gave her in school?
4. What does Adam notice about the house in which Anna lives?
5. How did Anna eventually show that she appreciated Adam's gifts and friendliness?

EXAMINATION PAPER 1993 (Ordinary Level)

Answer the questions which follow the passage:

Sabine hat Geburtstag

Sabine Berger hat heute Geburtstag. Sie ist schon seit 5 Uhr wach. Sie kann nicht mehr schlafen, denn sie freut sich schon so sehr auf ihre Geschenke. Das Warten fällt ihr schwer.

Als Sabine um 7.30 Uhr endlich aufsteht, sind ihre Eltern und ihre Geschwister schon in der Küche. Der Tisch ist fürs Frühstück gedeckt und ihr Platz mit schönen Blumen geschmückt. Alle singen „Alles Gute zum Geburtstag". Auf dem Tisch liegen schon ihre Geschenke.

Sabine öffnet schnell ihre Geschenke. Sie ist sehr zufrieden. Von ihrer Schwester bekommt sie ein Buch, denn sie liest unheimlich gern. Ihr Bruder schenkt ihr eine Kassette von ihrer Lieblingsgruppe. Von der Oma bekommt sie Geld, und Opa hat ihr große, modische Ohrringe gekauft.

Aber wo ist das Geschenk der Eltern? Doch die Eltern lachen nur und sagen: „Such doch mal!" Sabine sucht überall im Haus, im Schlafzimmer der Eltern, im Wohnzimmer, im Keller und schließlich wieder in der Küche. Nichts! Dann geht sie in den Garten, und dort findet sie es:
Ein Fahrrad, ein neues, blaues mit 10-Gangschaltung. Genau das, was sie sich schon immer gewünscht hat.

Schnell isst Sabine ihr Frühstück, da sie das Rad unbedingt ausprobieren will. Sie fährt langsam die Straße zum Park entlang.
Später radelt sie zum Haus ihrer Freundin, die das Rad auch super findet. Am Nachmittag fahren Sabine und ihre Freundinnen ins Kino.
Danach gehen sie alle zusammen ins Café, um Eis zu essen.

Kurz vor sechs fährt Sabine nach Hause zurück, und glücklich stellt sie das Rad in der Garage ab. Was für ein toller Geburtstag!

QUESTIONS

1. Why can Sabine not sleep?
2. Apart from giving her presents, what else does her family do for Sabine to mark her birthday?
3. Name *three* presents she gets.
4. Name *three* places she searches for the present from her parents.
5. Mention *three* things Sabine does later on in the day.

EXAMINATION PAPER 1993 (Higher Level)

Answer the questions which follow the passage:

Hannes und der Junge im Rollstuhl

In den folgenden Tagen sah Hannes viel aus dem Fenster, besonders wenn er allein in seinem Zimmer war. Am dritten Tag bemerkte er draußen auf der Straße eine Frau, die einen Jungen im Rollstuhl schob. Der Junge war etwas älter als er selbst, vielleicht zwölf. Der Junge hatte braune Haare, und um die Beine hatte er eine Decke.

Hannes ging ins Wohnzimmer, wo seine Mutter an der Nähmaschine saß. „Was ist mit dem Jungen da unten?" fragte er. „Ach, der Junge im Rollstuhl? Er wohnt nicht weit von uns, in der Silberstraße. Als er drei Jahre alt war, ist er die Treppe runtergefallen. Nach dem Unfall mit der Treppe wurde er operiert, aber die Operation konnte nichts helfen.
Er kann nicht laufen, er muss immer getragen oder gefahren werden.
Er muss sein Leben lang im Rollstuhl sitzen."

„Das ist aber schlimm, wenn man nicht laufen kann", sagte Hannes.

Am übernächsten Nachmittag musste Hannes für seine Mutter in den Co-op einkaufen gehen. Vor der Ladentür des Co-op wartete der Junge im Rollstuhl auf seine Mutter, die im Laden Einkäufe machte.
Hannes fragte den Jungen: „Na, wie heißt du denn?"

„Kurt. Und du bist Hannes."

„Das weißt du?"

„Ich weiß alles, was in der Gegend passiert", antwortete Kurt.

Kurts Beine waren wieder mit einer Decke umwickelt, obwohl es warm war.

„Warum hast du denn immer eine Decke um deine Beine?"
fragte Hannes.

„Weil ich die Beine nicht bewegen kann, weil ich nicht gehen kann. Da werden meine Beine kalt. Weißt du, wenn sie kalt werden, dann zirkuliert das Blut nicht so, sagt der Arzt, und das ist gar nicht gut
— das kann ganz gefährlich werden!"

„Ach, wie schrecklich!", sagte Hannes.

„Kannst du mal zu mir kommen?" fragte Kurt.

„Sicher komme ich, wenn ich darf", antwortete Hannes.

Da kam Kurts Mutter aus dem Laden. Hannes lief schnell in den Laden und kaufte ein. Kurt und seine Mutter warteten vor dem Laden auf ihn. Dann lief Hannes neben dem Rollstuhl her bis zur Silberstraße.

Kurt hatte ein großes Zimmer mit einem breiten Fenster. Auf weißen Regalen an der Wand standen viele Spielautos, auf dem Fußboden
eine Hochgarage mit Waschanlage und elektrischem Aufzug.
Unter der Hochgarage gab es eine Tankstelle, die auch elektrisch funktionierte. In der Waschanlage war richtiges Wasser. So viele Spielzeugautos hatte Hans noch

nie gesehen, nicht einmal in einem Spielwarenladen. Kurt und Hannes spielten mit den Autos und der Garage.

QUESTIONS

1. Describe the boy Hannes saw from his window.
2. (a) What happened when the boy was three years old?
   (b) How has this affected him?
3. When and how did Hannes get a chance to meet the boy, Kurt?
4. Why was it important for Kurt to keep a rug over his legs?
5. Describe the toys Kurt had in his room.

EXAMINATION PAPER 1994

Read the information carefully and then answer as instructed in each case. Answer in English the questions which follow the passage:

Uschi hat es nicht leicht!

Uschi wohnte mit ihren Eltern und ihrem kleinen Bruder in einem alten Bauernhaus. Arztvilla nannten es die Leute aus dem Dorf, weil Uschis Vater Arzt war und dort seine Praxis hatte. Uschi war neun Jahre alt und ihr Bruder Philipp gerade vier. Der Kleine mit seinem blonden Lockenkopf war ganz lieb und lustig. Alle fanden ihn süß, aber es nervte Uschi manchmal, dass sie so oft auf ihn aufpassen musste. Vor allem, wenn Gina, das Kindermädchen, mit Hausarbeit beschäftigt war oder einkaufen ging. Uschis Mutter war auch oft nicht da, denn sie arbeitete als Sprechstundenhilfe in der Praxis des Vaters mit. Das passte Uschi gar nicht.

Manchmal, wenn die Mutter rief: „Uschi, wo steckt denn Philipp bloß?" hätte Uschi sich richtig die Ohren zuhalten können, der ja immer irgendwo „steckte"! Bei seinen Kaninchen. Im Spielhaus draußen. Irgendwo zwischen Büschen und Bäumen. Die Mutter wurde aber nie böse mit Philipp. Er war ja noch klein.

Und wenn sich Uschi beklagte, dass sie so viel allein war, sagte die Mutter immer nur: „Spiel doch mit Philipp. Welchem Kind geht es denn so gut wie dir? Freu dich, dass du so ein liebes Brüderchen hast! Und einen schönen großen Garten, in dem ihr spielen könnt!" Uschi gab alles zu. Den großen Garten, den sie liebte, und auch, dass Philipp lieb war. Das fand sie ja selbst. Aber sie fühlte sich trotzdem einsam und allein. Es gab niemanden, der Lust hatte, mit ihr zu spielen, mit ins Schwimmbad zu gehen oder einen Ball aufzufangen. Mit dem Ball lief Philipp immer gleich weg.

Glücklich war sie, als sie zwei Monate lang mit Keuchhusten* krank war und im Bett liegen musste. Denn da war sie plötzlich die Hauptperson. Die Eltern waren nur noch für Uschi da. Philipp wurde von Gina, dem Kindermädchen, versorgt.

Die Mutter blieb jetzt zu Hause und kümmerte sich um Uschi. Stundenlang saß sie neben Uschis Bett und las ihr Geschichten vor. Ihr Vater kam jeden Abend aufs Zimmer und redete mit ihr. Uschi fand, es war schön, in einer solchen Situation krank zu sein.

* Keuchhusten = whooping cough

QUESTIONS

1. Describe Uschi's brother, Philipp.
2. Why was Uschi often left minding her brother at home?
3. When Philipp was not to be found, (a) how did his mother behave?
4. Did her mother understand when Uschi complained about being alone so much? Explain your answer.
5. (a) When was Uschi happy?
   (b) Explain in detail why she was so happy at that time?

EXAMINATION PAPER 1995

Read the information carefully and then answer as instructed in each case. Answer in English the questions which follow the passage:

Das Tagebuch

Als Susanne zwölf Jahre alt wurde, bekam sie von ihrer Oma ein Tagebuch geschenkt. Es war ein teures, mit hundertzwanzig Seiten und ganz feinem Papier. Außen hatte es rotes Leder, und vorn war in goldenen Buchstaben aufgedruckt: Tagebuch von Susanne. Oma hatte wirklich eine Menge dafür bezahlt.

Aber das war ja auch kein Wunder, denn Susanne und Oma verstanden sich sehr gut. Als Susanne noch klein gewesen war, hatte sie bei Oma mehr Zeit zugebracht als bei Mutti. Die Mutter hatte ja immer von neun bis sechs in ihrem Frisiersalon gearbeitet, und an den Wochenenden war sie über der Buchhaltung gesessen und hatte gerechnet. Oma dagegen hatte für Susanne immer Zeit gehabt.

Schon am Tag nach dem Geburtstag begann Susanne zu schreiben. Jeden Abend vor dem Schlafengehen schrieb sie ein paar Sätze, und manchmal sogar über alles, was in der Schule passiert war. Sie schrieb vom Schulausflug und von der Drei in Deutsch, die sie ungerecht fand, und auch über das Buch Ronja Räubertochter, das ihr gefallen hatte. Fast ein ganzes Jahr schrieb sie. Aber dann fuhr sie in den Sommerferien mit Mutti zwei Wochen nach Spanien und ließ das Tagebuch zu Hause. Sie vermisste es nicht und vergaß es mit der Zeit.

Eines Tages kam der Zirkus Bartoldi in die Stadt, und Susanne ging am Nachmittag in die Tierschau. Da stand ein Junge unter den Kamelen, einer vom Zirkus. Der gefiel ihr auf den ersten Blick. Schwarze Locken und schwarze Augen hatte er. Sie schätzte ihn auf vierzehn oder fünfzehn Jahre. Sie blieb lange stehen und sah ihm zu. Als er sie anlächelte, lächelte sie zurück, und dann kamen sie ins Gespräch. Antonio hieß er, war aus Genua und arbeitete am Trapez. Als er ihr eine Freikarte für die Abendvorstellung gab, wurde sie rot. Natürlich ging sie hin. Oma ging mit. Ach, am Abend war Antonio noch schöner als am Tag, und er schaute zu ihr herüber und lächelte, und Susanne meinte, ihr müsse das Herz stehenbleiben.

Am nächsten Morgen verließ der Zirkus die Stadt und zog weiter. Susanne wäre Antonio am liebsten nachgereist. Sie war traurig. Oma verstand, wie sie sich fühlte – die erste Liebe! „Schreib's in dein Tagebuch, dann wird's leichter."

Susanne zog ihr Tagebuch aus der Schublade und schrieb. Sie schrieb sechseinhalb Seiten, und manche Wörter verschwammen in Tränen. Sie schrieb bis spät in die Nacht.

QUESTIONS

1. Describe the diary which Susanne received from her grandmother on her 12th birthday. Mention three details.
2. When she was small, Susanne spent more time with her grandmother than she did with her mother. Give the reason for this.
3. What did Susanne write about in her diary? Mention three details.
4. What does the reader find out about Antonio, the boy who was standing amongst the camels.
5. (a) Why was Susanne sad in the end?
   (b) What did her Grandmother advise her to do?

EXAMINATION PAPER 1996

Read the information carefully and then answer as instructed in each case. Answer in English the questions which follow the passage:

Das Pausenbrot

Wenn Pause ist, sind die Schüler immer so laut und aggressiv; wenn man nicht aufpasst, hat man die Faust eines Mitschülers im Gesicht. Wer nicht schreit und boxt, der wird attackiert. Deshalb hat such Susanne Angst. Sie ist klein und ruhig. Aber die Lehrer schicken alle, die Kleinen und die Großen, in den Hof. Die Schüler sollen draußen essen.

Plötzlich trifft ein Ellenbogen Susanne, so dass ihr Brot weit in den Schulhof hinausfällt, mitten unter die Gruppe der Großen. Susanne rennt schnell hinterher, bückt sich, hat ihr Brot schon fast in der Hand – da steht plötzlich ein großer schwarzer Schuh drauf! Nicht leicht und vorsichtig, sondern fest und brutal.

Susanne ist steif vor Schreck. Zuerst starrt sie den Schuh an, dann sieht sie an dem Bein hoch. Es ist Ali. Ali ist schon fast fünfzehn und immer von einer Gruppe jüngeren Schüler umgeben. Wo Ali ist, passiert immer was. Jetzt grinst er nur und drückt das Brot und die Wurst immer tiefer in den Boden. Das Brot ist nicht mehr zu essen! Ali sieht Susanne an und grinst boshaft.

Immer noch steif vor Schreck. fühlt Susanne plötzlich, wie etwas in ihr passiert. Etwas, was nach dem Schreck kommt und ganz schnell wächst und größer wird. Es drückt im Kopf, sie fühlt es im Bauch, ihr wird heiß bis in die Finger. Auf einmal, für Ali völlig unerwartet und mit einem wilden Schrei, fährt Susanne ihm mit den Fingern ins Gesicht und zieht ihn kräftig an den Haaren. Ali lacht und will die kleine Susanne wegschieben. Doch sie hält sich an seiner Jacke fest, schreit noch lauter und tritt ihn mit den Füßen. Für einen Moment sieht Ali in Susannes Augen den Ärger, den Schmerz und die Stärke. Und da fühlt er, dass er keine Chance gegen sie hat.

Die anderen Schüler beginnen zu lachen, als Ali sich ganz vorsichtig von Susanne befreit und ihr Brot aufnimmt und es Susanne zurückgibt. Er schenkt ihr sogar eine große Orange, die er aus seiner Jackentasche holt. Die Pausenglocke klingelt.

QUESTIONS

1. Why doesn't Susanne like school breaks? Give two reasons. (Par. 1)
2. What happens to her at the beginning of this break? Give two details. (Par. 2)
3. Describe Ali (her tormentor), and what he does next. (Par. 3)
4. What does Susanne do to Ali? Give a detailed answer. (Par. 4)
5. What does Ali do in reaction to Susanne? Give details. (Par. 5)

EXAMINATION PAPER 1997

Read the information carefully and then answer as instructed in each case. Answer in English the questions which follow the passage:

Sandras Nachmittag

Als Sandra um halb zwei aus der Schule kam, war niemand zu Hause. Es war jetzt nie jemand zu Hause, wenn sie aus der Schule kam. Vor drei Jahren, als Sandra noch in die erste Klasse ging, war die Mutter noch zu Hause gewesen und kochte für Sandra und ihren Vater, der am Abend von der Arbeit kam. Jetzt war der Vater nicht mehr da, und die Mutter ging arbeiten. Sie kam erst am Abend zwischen fünf und sechs nach Hause, weiß im Gesicht, müde, mit einer Einkaufstasche in der Hand. Sie packte immer die Tasche aus und machte sich gleich an die Arbeit in der Küche.

Sandra sah nach, was es zu essen gab. Im Kühlschrank lag seit einer Woche eine Scheibe Schinken, fast ausgetrocknet -nein danke! Auf dem Herd stand der grüne Topf. Gemüsesuppe – das wusste Sandra sofort. Sie hob den Deckel hoch und ließ ihn sofort wieder fallen. Kalte Suppe sieht furchtbar aus! Sandra konnte sich nicht dazu bringen, die Gemüsesuppe zu essen. Sie stzte sich an den Küchentisch und machte ihre Hausaufgaben. Dann steckte sie den Schlüssel in die Tasche und ging schnell aus der Wohnung.

Im ersten Stock machte Sandra halt. Ein Mann kam gerade die Treppe herauf, mit zwei Plastiktüten aus dem Supermarkt: Opa Meffert. Sandra blieb stehen. Sie konnte den alten Herrn Meffert, der im zweiten Stock wohnte, gut leiden. Er war still und freundlich. Vor zwei Jahren war seine Frau gestorben, seitdem war er ganz allein. Opa Meffert sah müde aus. Er sah Sandra prüfend an. »Na, Sandra, hast du deinen Schlüssel verloren?«

Sandra schüttelte den Kopf. »Nein, hab ich nicht.«

»Hast du schon gegessen?« Sandra schüttelte wieder den Kopf.

»Ich auch nicht«, sagte Opa Meffert. »Willst du bei mir etwas essen?« Sandra sagte nichts.

»Bei mir gibt es allerdings nur etwas Kaltes«, sagte er. »Ich koche mir nichts. Aber ich habe gerade eingekauft – ich kann Käse, Pfeffersalami, Gurken, Brot und Heringe in Tomatensauce anbieten.«

Mit einem Mal war Sandra furchtbar hungrig. »Ich möchte schon, sagte sie, vielen Dank!«

QUESTIONS

1. After school, Sandra thinks back with regret to when she was in First Class. What was different in her family situation then? Mention two points. (Par. 1)
2. When Sandra's mother comes home these days,
   (a) how does she look?
   (b) what does she do? (Par. 1)
3. What was there to eat, and why did Sandra not eat those things? (Par. 2)
4. What does the reader learn about Opa Meffert? Mention three details. (Par. 3)
5. What does Opa Meffert offer Sandra to eat?

GUIDELINES

Written Expression

In the new Junior Certificate Examination the points you must cover in the letter are set out for you, thus ensuring that you cannot overlook any of them. The opening paragraph of the letter is also provided for you, so this makes your task even more straightforward. You should, however, familiarise yourself with the layout and opening formulae of letters, as the purpose of learning German is to enable you to communicate with German-speaking people, not to sit examinations.

The following is a list of essentials for writing letters and postcards:

1. Familiarise yourself with all forms of the pronouns ich, du, er, sie, es, wir ihr, sie and Sie.
2. Know when to use the "du, ihr or Sie" forms of the pronoun for the English word "you".
3. Practise the possessive adjectives "dein", "euer" (plural) and "Ihr" (polite form) in their masculine, feminine and neutral forms, singular and plural, and in all cases.
4. All forms of Sie (Sie, Ihnen) and Ihr – (your) are written with a capital letter.
5. Follow the guidelines given, but add in additional material if it is suitable. Your letters and cards should sound natural.
6. Express your ideas simply. Use the German you know, not attempted translations of English phrases.
7. Tick off each point as you answer it. Answer all points and questions as there are marks awarded for each individual task.
8. Pay special attention to the positioning and ending of the verb in German sentences and to the three main tenses.
9. Be very familiar with times and dates.
10. Practise asking questions.

What can you do on your own? The answer is simple: write as often as you can to a German-speaking pen-pal.

		Page
Section A	**Letters**	**155**
Sections B-C	**Notes and Postcards**	**181**
	Grammar	**195**

A — LETTERS

Unit 1 — Letter

Your teacher is on a three month exchange to Germany. One day a letter arrives for your class looking for a penpal for the daughter of German friends. Write a letter to the girl, Antje, along the lines suggested by your teacher.

Köln, den 12. November

Liebe Klasse,

hoffentlich geht es euch gut. Ich hoffe auch, dass ihr euren neuen Lehrer gut behandelt. Mir geht es gut in Deutschland, aber ich freue mich schon auf Irland.

Der Grund, warum ich euch schreibe, ist folgender: ich habe eine nette Familie hier kennengelernt. Die Leute heißen Fuchs. Die haben eine Tochter, die Antje heißt, und die hätte gern einen Brieffreund oder eine Brieffreundin aus Irland. Ich habe ihr gesagt, dass ich euch schreibe. Vielleicht möchte einer von euch eine deutsche Brieffreundin haben. Ihr schreibt auf Deutsch und sie schreibt auf Englisch.

Wenn einer von euch Interesse hat, schreib doch einen kurzen Brief. Schreib ihr alles (1) über dich selbst (Name, Alter, Aussehen), (2) über deine Familie und (3) über deine Hobbys. (4) Erzähl ihr auch, wie lange du Deutsch lernst und wie du es findest. (5) Schreib ihr auch, wo du wohnst und wo es liegt. (6) Stell auch ein paar Fragen an sie.

Na, macht einer von euch das für mich? Sie würde sich freuen, und ich würde mich auch freuen. Tschüss bis Januar.

Euer Deutschlehrer.

Unit 2   Letter

Your German penpal writes to you telling you about where he/she comes from. Write a letter in reply answering the questions asked by your penpal.

_____, den 11. Mai

Liebe(r) _____,

schönen Dank für deinen Brief. Ich hoffe, dass du mir oft schreibst, denn ich interessiere mich sehr für Irland. Ich schicke dir einen Stadtplan und Ansichtskarten, damit du meinen Ort besser kennst.

Die Stadt hat 230 000 Einwohner und viel Industrie. Sie liegt in Nordwestdeutschland. Es gibt einen Dom hier, ein Fußballstadion, zwei Hallenbäder und andere Sportmöglichkeiten. Die Umgebung ist auch schön: Wälder, Flüsse und Seen. Die Fußgängerzone ist ganz gut, und wir haben sehr gute Kaufhäuser. Du findest alles auf dem Stadtplan.

Und du? Schreib mir einen Brief über deinen Ort. (1) Wo liegt dein Ort? (2) Wie viele Einwohner hat er? (3) Gibt es da historische Gebäude? (4) Habt ihr auch gute Sportmöglichkeiten? (5) Wie sieht die Landschaft in der Umgebung aus? (6) Wohnst du gern da oder möchtest du woanders wohnen?

Schreib mir sobald wie möglich. Ich beantworte alle deine Briefe sofort. Vielleicht kannst du auch einen Stadtplan schicken. Alles Gute.

Dein(e)

_____

Unit 3   Letter

Your penpal sends you a letter inviting you to Germany. Reply in German to the letter accepting the invitation and responding to the numbered points and questions in the course of the letter.

Siegen, den 4. April

Liebe(r) _____,

hoffentlich geht es dir gut. Ich bin seit Montag zu Hause, denn ich habe die Grippe. Deshalb habe ich Zeit, dir zu schreiben. Ich wollte schon letzte Woche geschrieben haben, aber ich war zu faul.

Ich habe eine Einladung für dich. Ich möchte dich nämlich zu uns einladen. Am besten in den Sommerferien. (1) Na, hättest du Lust? Wir würden uns freuen, wenn du kämst. (2) Du würdest viel Deutsch lernen. Das ist doch gut, oder?

Ich nehme an, dass du kommst. (3) Nur musst du schreiben, wann du kommen kannst, damit wir alles planen können. Wann bekommst du Ferien? (4) Möchtest du hier in die Schule gehen? Wir haben vom 2. Juli bis zum 14. August Ferien. Davor und danach könntest du in die Schule gehen. (5) Du musst auch schreiben, wie du kommst und wo wir dich abholen müssen.

(6) Also, was meinst du, und was meinen deine Eltern? Schreib mir, wie sie auf die Einladung reagiert haben. (6) Schreib mir auch, was du gern isst oder was du gar nicht isst. Ich freue mich auf deine Antwort! Schreib also bald.

Paul(a)

Unit 4 — Letter

Your penpal writes to you telling you a little about his/her school. During the course of the letter he/she asks some questions about your school. Reply in German to the letter and answer the numbered questions contained in your penpal's letter.

_____, den 1. November

Liebe(r) _____,

schön mal wieder von dir zu hören. Du schreibst gute Briefe. Du hast mir ein paar Fragen über meine Schule gestellt. Schule ist nicht gerade mein Lieblingsthema, aber ich beantworte deine Fragen gern.

Ich gehe auf ein Gymnasium. Ich glaube, es hat 980 Schüler. *(1) Wie groß ist deine Schule?* Ich fahre normalerweise mit dem Bus, aber wenn das Wetter schön ist, fahre ich mit dem Rad. *(2) Wie kommst du zur Schule?* Unser Schultag ist kurz: nur sechs Stunden. Der Unterricht beginnt um 8 Uhr, und die Schule ist meistens um 12.40 Uhr aus. *(3) Wie sieht ein Schultag in Irland aus?*

Unsere Schule ist gemischt, und wir können anziehen, was wir wollen. *(4) Wie ist es bei dir? Dürft ihr auch Jeans usw. anziehen?* Ich mag alle meine Fächer, und die Lehrer sind auch in Ordnung. *(5) Hast du ein Lieblingsfach oder Lieblingsfächer?* Sind die Lehrer bei euch sehr streng? Ich habe gelesen, dass die ziemlich streng sein können. Wir bekommen sechs Wochen Sommerferien; drei Wochen Weihnachtsferien, vier Wochen Osterferien und eine Woche Herbstferien. *(6) Habt ihr auch so viele Ferien?*

So, das waren die Informationen, die du haben wolltest. Schreib mir einen schönen langen Brief über deine Schule. *(7) Gehst du eigentlich gern in die Schule?* Ich gehe gern. Lass bald von dir hören.

_____

Unit 5　　　　　　　　　　　　　　　　　　　Letter

Your penpal has written to you telling you a little about school in Germany. Reply in German and answer the questions asked in the course of the letter.

_____, den 2. Oktober

Liebe(r) _____,

schönen Dank für die Ansichtskarte. Die Landschaft sieht sehr malerisch aus. Irgendwann besuche ich dich in Irland. Heute will ich dir etwas von meinem Schultag erzählen.
Ich muss schon um 7 Uhr aufstehen, um pünktlich zur Schule zu kommen. Der Unterricht beginnt ja um 8 Uhr (1) Wie sieht es bei euch in Irland aus? Ich hasse das frühe Aufstehen. Mein Vater fährt an der Schule vorbei, wenn er zur Arbeit fährt. (2) Wie kommst du zur Schule? Ich habe nur 6 Stunden am Tag und 2 Pausen. Eine Stunde dauert 40 Minuten. (3) Wie sieht euer Schultag aus? (4) Was macht ihr in den Pausen?

In Deutschland dürfen wir anziehen, was wir wollen. (6) Ist das auch bei euch so, oder müsst ihr eine Uniform tragen, wie die Schüler in England? Wenn ja, wie findest du das? In meiner Klasse sind 25 Schüler, 14 Mädchen und 11 Jungen. (7) Wie viele sind in deiner Klasse und ist sie gemischt?

Es würde mich echt interessieren, etwas über deinen Schultag zu erfahren. Schreib mir doch und beschreib sie mir. Wir können dann sehen, wo die Schüler es besser haben. Bis bald.

_____

Unit 6   Letter

Your penpal replies to your letter about school and then tells you about his/ her hobbies, interests and fears. During the course of the letter he/she asks you some questions about yourself. Reply in German to the letter answering the numbered questions.

_____, den 12. Oktober

Liebe(r) _____,

dein Brief über die Schule ist gestern angekommen. Ich war ja richtig erstaunt, wie anders alles ist. Euer Schultag ist sehr lang, und dann die ganzen Hausaufgaben!

Heute schreibe ich dir über meine Hobbys. Ich habe viele Hobbys: Lesen, Wandern, Computer und Sport. Ich gehe am Wochenende meinen Hobbys nach. (1) Hast du auch Hobbys? Dein Schultag ist sehr lang. (2) Wann hast du Zeit für deine Hobbys.

Leider spiele ich kein Instrument, aber ich würde gern Gitarre spielen. (3) Spielst oder hörst du gern Musik? Ich bin nicht so sportlich, aber ich wandere gern. (4) Treibst du gern Sport? Ich lese nicht so gern, aber ich kaufe regelmäßig Zeitschriften und Comics. (5) Liest du gern? Was für Bücher? Hast du einen Computer? Vielleicht können wir Spiele tauschen. (6) Hast du andere Interessen? Ich treffe mich gern mit Freunden und diskutiere gern, und ich schreibe gern Briefe.

Ich habe Angst vor Prüfungen? (7) Hast du vor irgendetwas Angst? Ich hasse auch Ratten. Sonst habe ich Angst vor nichts.

So, das wäre es für heute. Schreib mir über deine Hobbies und Ängste. Ich beantworte deinen Brief am gleichen Tag.

Bis dann.

_____

Unit 7 Letter

Your penpal writes to you telling you about his/her house. In the course of the letter he/she poses some questions about your house and its setting. Reply in German making sure to answer all the questions.

_____, den 2. Februar

Liebe(r) _____,

schönen Dank für die Karte, die gestern angekommen ist. Ich mag das Bild von den Bergen. Die sehen sehr hoch aus. Wohnst du in der Nähe?

Ich wohne am Stadtrand von Meppen. Unser Haus ist ein Einfamilienhaus. *(1) Was für ein Haus habt ihr?* Wir haben 10 Zimmer und einen Keller. *(2) Was für Zimmer habt ihr.*

Ich bin ein Einzelkind und habe mein eigenes Zimmer? *(3) Du hast Geschwister. Musst du dein Zimmer teilen?* Mein Zimmer ist schön eingerichtet. Ich habe einen Sessel und einen Schreibtisch darin und auch einen Fernseher, meine Stereoanlage und meinen Computer. *(4) Wie sieht dein Zimmer aus?*

Das Haus liegt direkt an der Straße, und hinten ist ein Rasen mit Büschen und Blumen. *(5) Wie sieht es bei euch aus?* Ich wohne gern hier, denn ich bin in fünf Minuten in der Stadtmitte, und es gibt eine Menge zu tun. Viele Freizeitmöglichkeiten. *(6) Wohnst du gern da? Was gefällt dir, was gefällt dir nicht? (7) Wohnst du auf dem Land?*

Vielleicht kannst du mir ein Foto von dem Haus mit Hintergrund schicken. Ich mache jetzt Schluss und freue mich auf deinen nächsten Brief.

_____

Unit 8   Letter

You mentioned in a letter to a penpal that he/she would be welcome to visit you. Your penpal writes back to you asking if he/she might visit you during the summer holidays. Reply in German to the letter and answer the questions asked by your penpal in the course of the letter.

_____, den 10. Mai

Liebe(r) _____,

schönen Dank für deinen letzten Brief. Es ist sehr nett von dir, mich nach Irland einzuladen. (1) Meinst du es im Ernst, dass ich kommen soll? Ich würde gern kommen.

Wenn es ginge, möchte im in den Sommerferien kommen. Ich habe vom 16. Juni bis zum 2. August Ferien. (2) Könnte ich in der Zeit kommen, oder passt euch das nicht? Wie lange könnte ich bleiben? (3) Wann hast du Ferien?

Ich möchte nach Irland fliegen. (4) Wo ist der nächste Flughafen, und können deine Eltern mich abholen? Wenn nicht, gibt es eine Eisenbahnverbindung?
Ich freue mich riesig auf Irland und auf den Besuch bei euch.
(5) Was werden wir jeden Tag machen? Was gibt es zu sehen und zu tun? Ich mache gern Radtouren. (6) Hast du ein zweites Fahrrad?

Ich hoffe, dass es im Sommer klappt. Schreib mir bald, denn ich möchte schnell buchen. Und ich habe noch eine Idee: (7) Möchtest du mit mir zurückkommen? Ich würde mich freuen. Frag doch deine Eltern!

Alles Gute

_____

Unit 9   Letter

Your German penfriend writes to you inviting you to Germany during the summer holidays. However, you have to turn down the invitation as your parents think you are too young and, in addition you have a part-time job in a shop. Ask him/her if you could come at Christmas. Apologise for not being able to come.

_____, den 4. April

Hallo _____,

*vielleicht wunderst du dich, dass ich schreibe, aber ich habe einen wichtigen Grund: ich wollte dich im Sommer nach Deutschland einladen! Meine Eltern haben gesagt, dass du für drei Wochen kommen kannst. **(1)** Na, wie ist es? Kannst du kommen? Ich hoffe schon. **(2)** Meinst du, dass deine Eltern dir erlauben werden? In deinem letzten Brief hast du einen Sommerjob erwähnt. **(3)** Hast du ihn bekommen? Könntest du trotzdem kommen? Ich bekomme am 15. Juni sechs Wochen Ferien. **(4)** Wann hast du Ferien und für wie lange?*

*Ich hoffe, dass du ja sagst, aber ich verstehe, wenn du nicht kommen kannst. **(5)** Schreib mir, wann es dir passen würde. Wenn es deinen Eltern passen würde, würde ich auch gern nach Irland kommen. **(6)** Wäre das möglich?*

Schreib mir sobald wie möglich mit deiner Antwort. Meine Eltern freuen sich schon auf deinen Besuch.

_____

163

Unit 10   Letter

Your penpal writes to you telling you about how how he/she helps at home, about part-time work and about how he/she spends her money and what he/she does at the weekend. Reply in German to the letter answering the questions raised by your penpal.

_____, den 1. Mai

Liebe(r) _____,

schönen Dank für den letzten Brief. Es tut mir leid, dass ich erst jetzt antworte, aber ich hatte in letzter Zeit soviel zu tun. Ich habe nämlich einen Job, und ich muss auch zu Hause helfen.

Meine beiden Eltern arbeiten, deshalb muss ich soviel zu Hause machen. (1) Arbeiten deine Eltern auch? Ich muss spülen, kochen, baysitten usw. (2) Und du? Was musst du alles machen? Natürlich bekomme ich dann mehr Taschengeld. (3) Bekommst du auch mehr Geld, wenn du aushilfst?

Ich verdiene auch ein bisschen Geld. Ich mache Babysitting für Nachbarn und arbeite samstags in einem Supermarkt. (4) Hast du auch einen Job? Was machst du? Ich kaufe CD's und Klamotten, aber ich spare auch ein bisschen. (5) Wofür gibst du dein Geld aus? (6) Sparst du auch? Wofür? Am Wochenende gehe ich ins Jugendzentrum und gehe schwimmen. Ich sehe auch gern fern. (7) Wie verbringst du das Wochenende?

Das sind genug Fragen für heute. Hoffentlich schreibst Du bald. Bis zum nächsten Brief.

_____

Unit 11   Letter

You are doing a sumer course in Ireland (either in the Gaeltacht or a German language course at a college in Ireland). While there your German penpal writes you a letter. Reply in German and answer the questions asked by him/her in the course of the letter.

_____, den 3. Juli

Grüße aus Österreich!

Wir mieten ein Ferienhaus in der Nähe von Halstatt, da wo die Kelten ihre Minen gehabt haben. Es macht richtig Spaß hier. Und du? Du hast geschrieben, dass du einen Sommerkurs machst. (1) Warum wolltest du eigentlich einen Sprachkurs machen? Lernst du nicht genug in der Schule? Du hast nicht geschrieben, ob es ein Irischkurs oder ein Deutschkurs ist. (2) Machst du vielleicht beide Sprachen? (3) Wo findet der Kurs statt und wie bist du hingekommen? Solche Kurse sind ziemlich teuer. (4) Was kostet so ein Kurs bei euch? Findest du ihn wenigstens gut?

Ihr seid wahrscheinlich eine große Gruppe. (5) Wie sind die anderen Jungen und Mädchen? Ich glaube, der Kursort war auf dem Land. Stimmt das? Habt ihr auch Spaß, oder lernt ihr nur die ganze Zeit? Und was macht ihr abends? (6) Was machst du für den Rest der Ferien? Du hast auch den ganzen August frei. Du hast es gut. Ich muss am 6. August wieder in die Schule.

Hoffentlich hast du Zeit zum Schreiben. Ich muss jetzt aufhören. Wir wollen gleich ins Dorf. Bis irgendwann mal.

Schöne Ferien noch.

_____

Unit 12   Letter

Your penpal belatedly sends you a letter and a present for your birthday. During the course of the letter he/she asks several questions about the birthday, presents, party etc. Reply in German to the letter thanking him/her for the letter and present and answer the questions numbered 1-6.

_____, den 9. Februar

Liebe(r) _____,

herzlichen Glückwunsch zum Geburtstag (verspätet)! Hoffentlich gefällt Dir das Geschenk, das ich ausgesucht habe. Ich wusste nicht, was ich Dir schenken sollte, aber ich weiss, dass du gern Musik hörst.

(1) Wie war dein Geburtstag? Was haben dir deine Eltern und Geschwister geschenkt? (2) Hast du auch von Großeltern und Freunden oder Freundinnen was geschenkt bekommen? Ich weiss nicht, wie das in Irland läuft.

Wenn ich Geburtstag habe, gibt es immer eine Fete im Keller. (3) Hast du auch eine Fete gehabt, und wen hast du eingeladen? (4) Was gibt es normalerweise auf einer Party zu essen oder zu trinken? (5) Durftest du einen Tag freinehmen, oder musstest du in die Schule gehen? Wenn man hier Geburtstag hat, braucht man keine Hausaufgaben zu machen. (6) Ist das bei euch auch so?

Schreib mir bald und erzähl mal, wie dein Geburtstag war. Herzlichen Glückwunsch nochmal und viel Spaß mit der Kassette.

_____

Unit 13   Letter

You had an accident recently. You fell off your bicycle hurting your head and breaking a leg. Your penpal writes to you wishing you a speedy recovery. During the course of the letter he/she asks you some questions about the accident. Reply in German to the letter answering all the questions.

_____, den 2. Mai

Liebe(r) _____,

hoffentlich geht es dir jetzt besser. Ich hatte angerufen, und deine Schwester hat mir gesagt, dass du einen Unfall hattest und im Krankenhaus liegst.

(1) Wann und wo ist der Unfall passiert? (2) Warst du auf dem Fahrrad oder im Auto? Ich hoffe, dass es nichts Ernstes ist. (3) Bist du schlimm verletzt, oder bist du schon zu Hause? Ich habe schon meinen Fuß gebrochen, und das war sehr unangenehm.

Ich war nur einmal im Krankenhaus. (4) Wie ist das Leben im Krankenhaus? Bist du mit anderen Patienten zusammen, oder hast du ein Zimmer für dich? Es ist nicht so schlimm, wenn man viel Besuch bekommt. (5) Besuchen deine Freunde dich oft? Im Krankenhaus ist es auch langweilig. (6) Wie verbringst du den Tag? Kannst du fernsehen? (7) Wie lange musst du im Krankenhaus bleiben, falls du noch da bist? Hoffentlich nicht so lange.

Wenn du kannst und Lust hast, schreib mir und erzähl mir alles. Ich schreibe sofort zurück. Bis dann.

Gute Besserung

_____

Unit 14   Letter

You are with your family on a summer holiday in a caravan by the sea. Before you left you had received a letter from your penpal in which he/she asked you questions about your plans for the summer holidays. After about a week by the sea you find time to reply to the letter in German. Be sure to answer all the questions asked!

_____, den 20. Juni

Liebe(r) _____,

hoffentlich erreicht dich dieser Brief, bevor deine Familie in Urlaub fährt.

Wir machen im Juli einen Campingurlaub an der Ostsee. Langweilig!! (1) Was für einen Urlaub wollt ihr machen? Habt ihr ein Haus an der See gebucht? Wir haben eine Hitzewelle zur Zeit in Deutschland. (2) Wie ist das Wetter bei euch? Regnet es auch im Sommer soviel bei euch? Ich hasse Urlaub im Wohnwagen. (3) Wie findest du den Urlaub? Was machst du jeden Tag? Der Campingplatz ist stinklangweilig. Abends ist nichts los. (4) Wie ist das Nachtleben, wo du bist? Gibt es eine Disko in der Nähe?

Die meisten Leute hier sind alt oder sehr jung. Keine Teenager. (5) Hast du schon viele Leute in deinem Alter kennengelernt? Sind auch viele Deutsche oder andere Ausländer auf Urlaub dort? (6) Wie ist dein Liebesleben? Hast du schon jemand kennegelernt, den du magst?

Schreib mir, sobald du Zeit hast. Ich will aber auch alle Details wissen. Wir fahren am 3. Juli wieder nach Hause. Vielleicht liegt dein Brief vor, wenn ich ankomme. Schöne Ferien noch!

_____

Unit 15 Letter

You and your family intend going to Germany on a camping holiday. You wrote previously to your penpal inquiring whether there was a campsite near where he/she lives and if he/she would help with booking etc.. Your penpal now writes to you with some questions. Reply in German to the letter and answer all your penpal's questions.

_____, den 9. März

Liebe(r) _____,

schönen Dank für deinen letzten Brief mit der Nachricht, dass ihr nach Deutschland kommen wollt. Das wäre toll, denn es gibt einen Campingplatz ungefähr 8 Kilometer von uns. Du könntest mich besuchen und hier übernachten, wenn du wolltest.

Natürlich helfen meine Eltern euch, einen Platz zu buchen. Aber du müsstest ein paar Fragen beantworten. (1) Wollt ihr einen Wohnwagenplatz oder einen Zeltplatz mieten? (2) Bringt ihr euren eigenen Wohnwagen bzw. euer eigenes Zelt mit? Und dann müssten wir die genauen Daten wissen. (3) Wisst ihr schon, wann ihr kommt und wie lange ihr bleibt?

Du brauchst, wie gesagt, nicht zu zelten. (4) Möchtest du bei uns übernachten? Wir könnten viel Spaß haben. Freizeitmöglichkeiten gibt es hier genug, für Jung und Alt. (5) Was machen deine Eltern gern? Sie können hier schwimmen und wandern usw. Ich weiss nicht, was ich sonst noch fragen soll. (6) Hast du noch Fragen? Wenn ja, schick sie mir, und meine Eltern werden sie beantworten.

Ich freue mich darauf, dass ihr kommt. Schreib mir so schnell wie möglich, damit wir den Platz buchen können. Frag deine Eltern, ob du bei uns wohnen kannst. Ich würde mich freuen.

_____

Letter 16

Your penpal writes to you after Christmas. He/she also encloses a present. He/she wants to know how you spent Christmas. Reply in German to the letter making sure you answer all your penpal's questions.

_____, den 4. Januar

Liebe(r) _____,

ich wünsche dir und deiner Familie ein frohes Neues Jahr. Hoffentlich gefällt dir mein verspätetes Geschenk. Noch vier Tage Ferien und dann wieder Schule. Schade, nicht?

(1) Na, wie war Weihnachten bei dir? Hier war es ganz ruhig, außer an Silvester. (2) Wie lange Weihnachtsferien habt ihr bekommen? So lange wie wir (20.12. - 8.1.)? Ich habe keine Geschwister, also habe ich nur Geschenke für meine Eltern kaufen müssen. (3) Hast du viele Geschenke gekauft? Für wen?

Ich habe viel Geld und Computerspiele bekommen. Ein paar CD's waren auch dabei. (4) Was hast du geschenkt bekommen? Die Bescherung bei uns ist am Heiligabend. (5) Wie ist es bei euch? Das traditionelle Weihnachtsessen bei uns ist Gans, Kartoffeln, Rosenkohl (6) Was esst ihr?

Wir feiern Silvester ganz groß: es gibt eine Party, und um Mitternacht gibt es ein großes Feuerwerk. (7) Wie feiert ihr Silvester? Wir sind dieses Jahr nicht weggefahren. Ich habe viel gelesen und Computerspiele gespielt.
(8) Wie waren deine Ferien?

Jetzt mache ich aber Schluss! Es ist fast 23.00 Uhr, und ich werde müde. Schreib mir, wie Weihnachten bei euch gelaufen ist.
Alles Gute.

_____

Letter 17

Your penpal writes to you looking for information about types of food and drink consumed in Ireland at various meals and at Christmas. Reply in German to the letter and answer the questions asked by your penpal.

_____,den 2. November

Liebe(r) _____,

hoffentlich geht es dir gut. Ich habe diese Woche schulfrei, deshalb habe ich gedacht, dass ich dir schreibe. Ich wollte gern wissen, was man in Irland isst und trinkt. Vielleicht wärst du so nett und beantwortest meine Fragen.

Zum Frühstück esse ich eine Scheibe Toast mit Honig und trinke eine Tasse Kaffee. (1) Was isst und trinkt man zum Frühstück bei Euch? Wir essen viele verschiedene Gerichte zum Mittagessen: Nudeln, Spaghettis, Fleisch mit Kartoffeln und Gemüse. (2) Gibt es ein typisch irisches Mittagessen? Abends esse ich meistens eine Scheibe Graubrot mit Käse und trinke Sprudel. (3) Was isst und trinkt man abends in Irland?

Am ersten Weihnachtstag essen wir Gans mit Kartoffeln und Gemüse. (4) Wie sieht das typische Weihnachtsessen aus? Gibt es auch typische Nachtische? Meine Eltern gehen ganz selten in die Kneipe. Sie trinken Bier oder Wein zu Hause. (5) Trinken deine Eltern auch lieber zu Hause, oder gehen sie lieber ins Pub?

Mein Lieblingsessen ist Spaghetti Bolognese. (6) Was ist dein Lieblingsessen, und kannst du gut kochen?

Schreib mir, sobald du Zeit hast. Ich würde gern lesen, wie es bei euch ist. Vielleicht hast du auch ein Rezept für einen typisch irischen Kuchen. Wenn ja, kannst Du es schicken?
Bis dann

_____

Letter 18

You have written to your penpal telling him/her that you are going on a school tour to Germany. Your penpal writes back looking for more information. Reply in German to the letter making sure to answer all the questions asked by your penpal.

_____, den 9. Februar

Liebe(r) _____,

schönen Dank für den kurzen Brief mit der Nachricht, dass ihr eine Klassenfahrt nach Deutschland macht. Es wäre schön, wenn ihr in der Nähe übernachten würdet. Ich könnte euch besuchen.

(1) Wann findet die Klassenfahrt statt und wie viele fahren mit? Es muss auch ziemlich teuer sein. (2) Was kostet die Klassenfahrt, und wer bezahlt die? (3) Hast du Geld gespart oder hast du einen Job? Wie gesagt, wenn ihr hier in der Nähe seid, könnte ich dich besuchen. (4) Weisst du schon, welche Route ihr fahrt?

Wir haben letztes Jahr eine Klassenfahrt nach England gemacht, aber ich habe kein Englisch gesprochen. (5) Meinst du, dass du in einer Woche viel Deutsch lernst? Oder willst du nur Spaß haben? Wir hatten viel Spaß. Als wir in England waren, haben wir in einer Jugendherberge übernachtet. (6) Wo übernachtet ihr?

Du musst auf jeden Fall anrufen, wenn du in Deutschland bist. Ich hoffe, dass du viel Spaß hast und dass du einen guten Eindruck von Deutschland bekommst.

_____

Letter 19

You have just finished your Junior Certificate. Your penpal writes to you wishing you well and asking how you got on. He/she also wants to know what subjects you are keeping on and why. Reply in German to the letter. Answer all your penpal's questions in the course of the letter.

_____, den 3. Juli

Liebe(r) _____,

hoffentlich hast du jetzt deine Prüfung hinter dir. Ich hoffe auch, dass alles gut gelaufen ist und dass du gute Noten bekommst.

(1) Welche Prüfungsfächer waren schwierig und welche leicht? Konntest du alle Fragen beantworten? Im September beginnt dann die Oberstufe. (2) Welche Fächer machst du weiter, welche gibst du auf? Warum willst du die Fächer weitermachen? Du hast mir von einem "Transition Year" geschrieben. Willst du das machen?

Ich finde es schwierig zu entscheiden, was ich nach der Schule machen will. (3) Weisst du, was du nach der Abschlussprüfung machen willst? Willst du studieren oder willst du sofort arbeiten? Ich glaube, ich möchte Ingenieur werden, aber ich habe noch Zeit. (4) Wie fandest du den ganzen Stress während der Prüfung? Bei uns gibt es sowas nicht. Warst du nervös?

Jetzt hast du alles hinter dir. (5) Hast du einen Sommerjob, oder was machst du im Juli und August? Ich fahre mit meinen Eltern nach Frankreich. Vielleicht fahrt ihr auch nach Frankreich in Urlaub. Wir könnten uns treffen. Wenn nicht, sehen wir uns nächstes Jahr. (6) Du wolltest mit mir einen Austausch machen, oder?

So, das war es. Ich wünsche dir viel Erfolg. Schreib bald wieder.

_____

173

Letter 20

Your penpal's family has moved into a new house. He/she writes to tell you about it. In the course of the letter he/she asks you some questions about where you live. Reply in German to the letter making sure to answer all your penpal's questions.

_____, den 26. April

Liebe(r) _____,

hoffentlich geht es dir gut. Es tut mir leid, dass ich erst jetzt schreibe, aber wir sind in unser neues Haus umgezogen, und ich hatte so viel zu tun.

Das neue Haus ist ein Einfamilienhaus in einem Vorort. Es hat 3 Schlafzimmer, ein Wohnzimmer, ein Arbeitszimmer und ein Gästezimmer. Ich weiss noch nicht, ob es mir hier gefällt. (1) Wohnst du gern da, wo du wohnst? Die Nachbarn scheinen in Ordnung zu sein, aber wir kennen sie noch nicht so gut. (2) Wie sind eure Nachbarn? Kommt ihr gut mit ihnen aus?

Wo wir früher gewohnt haben, gab es viele Freizeitmöglichkeiten: Hallenbad, Tennisplätze, Fußballplatz, aber hier gibt es nur einen kleinen Park. (3) Wie sind die Freizeitmöglichkeiten in eurer Nähe. Ich muss jetzt viel mit Bus und Straßenbahn fahren. Gott sei Dank sind die Verbindungen gut. (4) Wie kommst du überallhin, wenn du ausgehst?

Ich muss auch die Schule wechseln, aber das ist nicht so schlimm. (5) Möchtest du deine Schule wechseln, oder bist du zufrieden, wo du bist? Ich hatte keine richtigen Freunde in der ehemaligen Schule. Meine Eltern freuen sich über das neue Haus. Ich werde mich daran gewöhnen. (6) Möchtest du in eine andere Gegend umziehen? Warum oder warum nicht?

Ich mache jetzt Schluss. Das nächste Mal beantworte ich deinen Brief sofort. Schreib also bald wieder.

_____

Letter 21

Your teacher has arranged for you to do an exchange with a boy/girl in Hamburg. You have just received a letter from him/her (see below). Reply in German to his/her letter, answering all his/her questions (which are numbered 1 to 6) in some detail. Finish by sending good wishes to him/her and his/her family.

Hamburg, den 10. März

Liebe(r) _____,

vielen Dank für deinen Brief und die Fotos von dir und deiner Familie. (1) Wohnst du in der Stadt oder auf dem Lande? Und wie sieht deine Wohnung/dein Haus aus? (2) Hast du Geschwister? Erzähl mir doch etwas über deine Geschwister, oder bist du auch Einzelkind wie ich? Mein Vater ist Geschäftsführer in einem Supermarkt. Meine Mutter arbeitet zwei Tage in der Woche bei einer Zeitung. (3) Wie ist es mit deinen Eltern? Was machen sie?

Ich treibe gern Sport, du auch? (4) Wo treibst du denn Sport — in einem Club? in der Schule oder . . . ? Am liebsten fahre ich rad. Radfahren ist praktisch, weil es gar nichts kostet.

Wenn du nach Hamburg kommst, werden wir viel zusammen unternehmen. Es gibt hier so viel zu tun und zu sehen. (5) Wofür interessierst du dich eigentlich?

Ich freue mich schon auf deinen Besuch. Wir holen dich natürlich vom Flughafen ab. (6) Weisst du schon, was du an dem Tag anziehen wirst, damit wir dich erkennen können?

Bis bald,
dein(e) _____

Letter 22

An exchange has been organised between your school and a school in Germany, following a year of letter correspondence. The first group of German pupils is arriving at Easter for two weeks (the first week is during schooltime, the second week during holiday time). Reply in German to the letter (below) from your exchange partner, Nicki. Answer all his/her questions (which are numbered 1 to 6) in some detail.

Köln, den 10, März

Liebe(r) _____,

endlich ist es so weit! Ich freue mich schon so sehr darauf, nach Irland zu kommen. Nach den vielen Briefen wäre es schön, dich endlich mal kennenzulernen.

Zunächst einmal ein paar Fragen zum Schulbesuch. (1) Stunden/ Fächer: Wieviele Unterrichtsstunden hast du pro Tag? Welche Fächer findest du am interessantesten? Warum? (2) Pausen: Von wann bis wann hast du Pausen? Was machst du denn in den Pausen? (3) Habt ihr an der Schule etwas Besonderes für unsere Gruppe geplant — ein Konzert, einen Ausflug oder so etwas? Schreib mir doch!

In der zweiten Woche sind dann ja schon Ferien! (4) Was können wir zwei zusammen machen? Es gibt bestimmt viele Möglichkeiten. (5) Ich möchte natürlich auch etwas von Irland sehen. Was gibt es bei dir in der Gegend zu sehen, oder können wir irgendwo anders hinfahren und eine andere Gegend besuchen? (6) Wie ist normalerweise das Wetter zu Ostern in Irland? Was soll ich also an Kleidung mitbringen?

Ich weiss, ich habe, wie immer, viele Fragen! Ich freue mich schon sehr auf deine Antwort.

Bis bald,
dein(e) Nicki.

Letter 23

You have just received a letter from your German penpal. Reply in German to the letter, answering all his/her questions (which are numbered 1 to 6) in some detail. Finish by sending good wishes to him/her and his/her family. (120 words minimum)

Bayreuth, den 18. April

Liebe(r) _____,

vielen Dank für deinen Brief, den ich erst gestern erhalten habe. Anbei findest du ein Foto von mir und meiner Familie. (1) Wie siehst du eigentlich aus? Beschreibe dich und schick mir auch noch ein Foto! Ich habe gehört, dass man in der Schule in Irland eine Uniform tragen muss. (2) Wie sieht deine Uniform genau aus? Oder trägst du deine eigene Kleidung, wenn du zur Schule gehst, so wie ich auch? Wenn ja, (2) was trägst du?

Ich finde es sehr interessant, dass du einen Nebenjob hast. (3) Wo und wann arbeitest du? (4) Was machst du mit dem Geld, das du verdienst? Eigenes Geld zu haben ist bestimmt schön, aber (5) wie findest du das – Arbeiten und zur Schule gehen?

Du hattest im März Geburtstag! Herzlichen Glückwunsch nachträglich! (6) Wie hast du deinen Geburtstag gefeiert? Ich mache jetzt Schluss – ich muss die Hausaufgaben noch fertig machen! Ich freue mich sehr auf deine Antwort.

Lass bald von dir hören!

Dein(e) _____

Letter 24

You recently received a letter from your German exchange partner Stefan. Write a letter in reply, answering all the questions (which are numbered 1 to 6) in some detail. Finish by saying that you are looking forward to your visit to Germany. (120 words minimum)

Dresden, den 18. Mai.

Liebe(r) _____ ,

prima, dass du endlich nach Deutschland kommst, ich freue mich echt darüber! (1) Wie fährst du eigentlich? (2) Und kannst du mir auch gleich sagen, wann und wo du ankommst, damit wir dich abholen können?

Meine Mutter will wissen, was sie für dich kochen soll. (3) Hast du ein Lieblingsessen, vielleicht etwas typisch Irisches? In der ersten Woche würde ich dich auch gerne in ein Konzert mitnehmen. (4) Was für Musik hörst du gern?

Natürlich werde ich dich überall in Dresden herumführen. Du weißt ja, dass ich im Sommer mit Touristen arbeite. (5) Und du? Was für einen Nebenjob hast du?

Du wolltest doch in den Osterferien einen Kurs in der Gaeltacht machen. (6) Was habt ihr denn in diesem Kurs gelernt, und was habt ihr abends gemacht?

Bestell schöne Grüsse an deine Familie!

Bis dann
Stefan

Letter 25

Yesterday you received a letter from your German penpal Uli (see below). Write a letter in reply, answering all the questions (which are numbered 1 to 6) in some detail. Finish by sending good wishes to him and his family.

Saarbrücken, den 20. Mai

Liebe(r) _____ ,

vielen Dank für deinen Brief, den ich letzte Woche erhalten habe. Du hast es gut mit deinen langen Sommerferien! **(1) Wann** *genau beginnen deine Sommerferien, und wann hast du wieder Schule?*

Was hast du diesen Sommer vor? (2) Fährst du mit deiner Familie in Urlaub? (Wohin? Für wie lange? . . . ?) **Oder, wenn nicht,** *(2) besuchst du Freunde/Oma/Onkel und Tante? (Wo? Für wie lange? . . .?)*

(3) **Wie** *verbringst du den Rest des langen Sommers? (Sport? Sommerkurs? . . .?)*

Man braucht natürlich immer Geld! (4) Woher bekommst du für den Sommer Geld, und wofür gibst du das Geld im Sommer aus?

Du hast ja auch während des Schuljahres jedes Wochenende frei: (5) Was musst du am Wochenende zu Hause machen? Hoffentlich hast du aber auch Zeit für dich! (6) Was hast du zum Beispiel letzten Freitagabend gemacht? Wie war es?
Ich freue mich sehr auf einen Brief von dir. Schreib bald und erzähl mir alles!

Dein
Uli.

B-C — NOTES AND POSTCARDS

1.
Write a short note to your pen-pal in Germany letting him/her know the exact date and time of your arrival. Say where and how you are arriving and how long you intend to stay. Use the hints in the box.

```
Place and date                    fliegen nach (fly to)
Liebe or Lieber                   mit dem Schiff fahren  to go by ship
ich komme an   I arrive           vom X. Juli bis zum Y.  from
                                  August
am X. Juli                        dein/deine
um 14.10 Uhr   time
```

2.
Write a note to a pen-pal thanking him/her for a birthday present which arrived this morning. Express your surprise and delight. Say that you will write a letter at the weekend.

```
Place and date                    eine Überraschung   surprise
Lieber or Liebe                   am Wochenende
vielen Dank für das Geschenk      ein Brief folgt    letter follows
ich habe mich gefreut  I'm delighted
```

3.
A friend has written to you saying that he/she intends visiting you in summer but does not say when. Write a note to say that you will be going away for two weeks in June and ask him/her when exactly he/she intends coming and where he/she wants to be met. Use the hints in the box.

```
Place and date
Lieber or Liebe
für zwei Wochen . . .
Der Brief ist . . . angekommen
Weißt du genau, + indirect question (verb in final position)
abholen
```

[Handwritten at top: Er hat sich das Bein gebrochen – He broke his leg / schwer verletzt / leicht verletzt – slightly injured]

4.
A German friend has invited you to spend your Christmas holidays at his/her house. However, your father has had an accident and is in hospital, so you can't go. Write a note to your friend explaining the situation.

> Place and date
> Liebe or Lieber
> es tut mir leid ... *[I'm sorry]*
> die Weihnachtsferien ... *[Christmas holidays]*
> bei dir (at your house)
> er hatte einen Unfall *[had an accident]*
> kannst du deiner Mutter erklären ... *[explain to your mother]*
> verbringen (spend time)

5.
While staying in Germany you are invited to a party by a friend on Friday but you cannot go. Write a note giving your excuse and expressing your regret that you will not be there.

> Place and date
> Hallo + name
> die Einladung
> es tut mir leid
> Schade! *[what a pity]*
> viel Spaß/Vergnügen *[have fun]*

6.
You are doing a project on a German city (e.g. Hagen). Write a short note to the local tourist information office (Verkehrsamt) looking for material.

> Place and date
> Name at top left
> Address of Verkehrsamt under
>   own name
> Leave a space
> Sehr geehrte Damen und Herren! *[Dear sir or madam]*
> schreiben über ... *[to write about]*
> ein paar Informationen
> Broschüre und Prospekte schicken *[brochures and leaflets]*
> ich danke Ihnen im voraus *[thank you in advance]*
> mit freundlichen Grüßen
> *Ihre Kate Mulcahy*

[Handwritten: können sie mir = could you send me]

7.
You are staying with the Wienert family in Germany. A telephone call comes for Frau Wienert from Frau Tiemann. Leave a note for Frau Wienert to say that Frau Tiemann rang at half past ten, and that she will ring back at 4 pm. Say you are going to the pictures and expect to be back around 5.30 pm.

> No need for address or opening formula
> sie hat ... angerufen
> sie wollte Sie sprechen *[she wanted to speak to you]*
> halb elf (half past ten)
> ins Kino gehen
> gegen 17.30 Uhr

8.
While in Germany you wish to meet your German pen-pal. Write a note telling him/her when and where. Ask him/her to ring you if that suits him/her.

> Use present tense as future is implied
> am + day of week
> können + infinitive
> sich treffen — to meet
> paßt es dir? — does it suit you
> ruf doch an! — ring

9.
While in Germany you arrange with a group of friends to go on an outing. The outing had to be cancelled, however, because a few members of the group could not come. An alternative date has been fixed. Write a note to that effect to one of your friends who has not heard the news yet.

> der Ausflug findet nicht statt — the trip is not taking place
> sie konnten nicht kommen — they can't come
> statt dessen — instead
> wir treffen uns — we'll meet
> bis dann — until then

10.
You are on holidays with your parents in Ireland. Write a postcard to your pen-pal sending your greetings. Tell him/her what the holiday is like and how long you will be there.

Grüße aus Spanien
Ich bin seit einer Woche hier

> Grüße aus X!
> ich bin seit . . . hier
> das Wetter
> junge Leute kennenlernen — to get to know young people
> es macht Spaß . . . — it is fun
> bis zum 12. Juli bleiben

11.
You are on holidays with your parents but are not having such a good time because of the weather, the accommodation and the people. Write a postcard to your German pen-pal telling him/her briefly about your holiday and that you are looking forward to going home.

> Place and date
> Grüße aus X!
> das Wetter
> ganz schlecht
> unsere Unterkunft — accommodation
> miserabel
> jemanden unsympathisch finden — to find people unfriendly
> stinklangweilig — terribly
> es macht keinen Spaß — no fun
> sich auf Zuhause freuen — look forward to going home

12.
You are staying with a German family when a friend rings to ask your help with English homework. Leave a note for the family saying where you are going, when you will be back and how you are going to get home.

> No need for place or date or opening formula
> er/sie hat angerufen	Hilfe bei den Hausaufgaben
> brauchen
> ich bin um 21.00 Uhr zu Hause or	macht euch keine Sorgen
>   ich komme . . . nach Hause
> er/sie bringt mich

13.
While staying in Germany you arrange to visit your pen-pal. Write him/her a note telling him/her how you will be coming and at what time you will be arriving. Ask him/her if you will be met or if you should get there by taxi.

> fahren mit + means of transport
> ankommen in	können
> abholen	sollen

14.
Write a Christmas card to a friend in Germany wishing him/her a Happy Christmas and a Happy New Year. Thank him/her for his/her card and present, and say that you hope he/she likes your present. You hope he/she enjoys Christmas.

> Frohe Weihnachten!	es gefällt dir	Frohes Neues Jahr!
> das Geschenk	Spaß haben	Vielen Dank!
> hoffentlich

15.
Write a birthday card to your pen-pal wishing him/her a happy birthday. Ask if your present has arrived and say you hope he/she likes it. Ask about a party and say you hope he/she enjoys himself/herself.

> Herzlichen Glückwunsch zum Geburtstag!
> das Geschenk	eine Party geben
> es ist angekommen	Feier mal schön!
> Hoffentlich gefällt es dir

16.
You arrived in Germany yesterday. Write a short note to your German teacher telling him/her when you arrived, who met you and what your first impressions of the family and of the language are. Say you will write a letter in a few days.

> Place and date
> Lieber Herr X! or Liebe Frau X!
> ich bin . . . angekommen
> sie haben mich . . . abgeholt
> nett
> sympathisch/unsympathisch
>
> grässlich
> sie sprechen sehr schnell
> Dialekt
> in ein paar Tagen
> Ihr or Ihre

17.
While holidaying in Germany (e.g. Buxtehude) you write a postcard to a German friend saying that you are not enjoying yourself and telling briefly why not.

> Hallo + name
> langweilig
> keine Freunde
>
> Grüße aus
> nichts los
>
> das Wetter ist scheußlich
> sich auf Zuhause freuen

18.
You are on an outing to Cologne with your pen-pal and are enjoying yourself. Write a note to your parents, who understand German, saying you are getting along well, having a good time and coping with the language.

> es macht Spaß
> keine Langeweile
>
> alles ist neu und anders
> mit der Sprache gut/schlecht zurechtkommen

19.
Write a note to a German friend staying in Ireland inviting him/her to a party on Friday night. Say when the party begins and that he/she may bring someone along. Ask him/her also to bring some good cassettes or records and to ring you if he/she cannot come.

> eine Party geben
> jemanden mitbringen
> ruf mal an, wenn . . . + verb last
>
> Freitagabend (Friday night)
> Platten und Kassetten

20.
You and your family wish to spend a camping holiday in Germany. Write to a camping site asking for a price-list and some information.

> Informationen
> Sehr geehrte Damen und Herren!
> einen Campingurlaub machen
> eine Preisliste
> eine Broschüre von Ihrem Campingplatz schicken
> Mit freundlichen Grüßen

21.
Write a note to a youth hostel warden (Herbergsvater/Herbergsmutter) booking two nights accommodation. Say when you are coming, how many are in the group and how many males/females there are. Request confirmation of the reservation.

> Lieber Herbergsvater/Liebe Herbergsmutter!
> word order: time/manner/place
> eine Übernachtung reservieren
> wir sind . . . Mädchen und . . . Jungen
> können Sie bitte die Reservierung bestätigen
> Mit freundlichen Grüßen

22.
While staying in Germany you receive an invitation to a party. Write a note accepting the invitation saying you will bring some records or cassettes with you. You do not know anyone whom you could bring with you but maybe you will get to know somebody at the party.

> ich komme ganz bestimmt
> einen Jungen/ein Mädchen kennenlernen
> auf der Party (at the party)
> bis Freitag

23.
You want to order the novel *Deutschstunde* by Siegfried Lenz from a German bookshop (die Buchhandlung). Write asking about the cost of the book and postage.

> Bestellung   durch Ihre Buchhandlung bestellen
> formal opening phrase
> können Sie bitte schreiben
>   + indirect question (position of verb)
> Porto (postage)   formal closing phrase   address as a P.S.

24.
Write a note to the Goethe-Institut, 37 Merrion Square, Dublin 2, looking for information about language courses during the summer. You would also like some information about the course fees.

> layout of formal letter   einen Sprachkurs machen
> Informationen   das Institut
> formal opening   der Sommerkurs — die Kurse (plural)
> closing formula   Information über Kursgebühren

25.
Your school is publishing a school magazine. Write a short note to your German pen-pal asking him/her to write an article of about 500 words about life in Germany. Ask him/her to reply soon.

> jemanden um einen Gefallen zu bitten
> eine Schülerzeitung herausbringen
> hast du Lust?   Wörter
> das Leben   der Artikel

26.
When in Germany you tried some Black Forest gateau (Schwarzwälder Kirschtorte) and liked it very much. Write a note to your pen-pal asking him/her to send you the recipe, as you would like to make one.

> probieren
> die Torte hat gut geschmeckt
> das Rezept aufschreiben, damit (so that) + verb to end
> backen

27.
You have been invited to Germany by your pen-pal's mother and you want to bring her a present. Write a note to your pen-pal asking what kind of things his/her mother likes.

> **N.B.** Word order in indirect questions, e.g. ich weiß nicht, was . . . (verb last)
>
> kannst du mir schreiben, was . . .
> es gefällt deiner Mutter

28.
Your mother wants to knit an Aran sweater for your pen-pal's mother. Write a note to your pen-pal asking him/her what size of clothes his/her mother wears. Ask your pen-pal not to tell his/her mother why the information is required.

> die Kleidergröße deiner Mutter   einen Aranpullover stricken (knit)
> jemandem einen Pullover stricken   sag ihr aber nichts davon

29.
You wish to buy a new camera — an Olympus XI. Write a note to your pen-pal asking him/her to find out the price in Germany as you think cameras might be cheaper there than in Ireland.

> herausfinden   es kostet
> billiger als in Irland   die Mühe
> der Fotoapparat/die Apparate   der Preis

30.
Your sister would like to work as an au pair in Germany for a year. Write a note to your pen-pal asking if his/her parents know of any family looking for one.

> als Au-pair-Mädchen   für ein Jahr (future)
> die Bitte   vielleicht
> kennen
> eine Familie, die ein Au-pair-Mädchen sucht

31.
While staying with the Keitmann family in Germany, you receive a telephone call from Herr Keitmann saying that he has been delayed for two hours and will not be home until 8 pm. He will ring again at 7.30 pm. He has eaten already. Leave a note with the information for Frau Keitmann.

No address or date	erst um 8 Uhr (not until 8 o'clock)
er hat Verspätung	noch mal (again)

32.
While you are staying with the Keitmann family in Germany a call comes from a bookshop saying that the books Frau Keitmann ordered have arrived. They cost 34,80 DM. The books must be collected by Saturday. You are going out, so leave a note for Frau Keitmann with the information and say when you will be home.

ein Anruf	bestellen	sie sind angekommen
bis Samstag	abholen	ich bin um 19 Uhr zu Hause/ich komme um 19 Uhr nach Hause

33.
You have just arrived back from Germany, only to find that your necklace is missing. Write a note to your German friend asking her to check the room where you slept and to send it if she finds it.

die Halskette	nachsehen
ich habe sie bei Euch gehabt	schicken
auf einem Regal (shelf) liegenlassen	wenn + verb to end of sentence

34.
Your family wishes to organise a house exchange with a German family and they ask you to word a short advertisement for a German newspaper. Give dates and duration of the exchange and state where your house is situated.

ein Haus tauschen	in der Stadtmitte
für X Wochen	auf dem Land
zwischen dem X. Juni und dem Y. August	in einem Dorf
der Vorort	schreiben + an

35.
Write a note to a German friend asking him/her to send you the address of his/her English teacher, as your German teacher would like to contact him/her and organise an exchange.

> der Englischlehrer   der Deutschlehrer
> Kontakt mit ihm aufnehmen   Schüleraustausch organisieren

36.
While staying with a German friend, he falls and breaks his arm. Leave a note for his mother or father telling what happened, that you went with him to hospital and that the mother or father should go there as soon as they get home.

> er ist gefallen   ins Krankenhaus
> sich den Arm brechen   nachkommen
> sich verletzen

37. Thank you.
You have returned from three weeks at your pen-pal's house. Write a note to his/her mother thanking her for her kindness during your visit.

> Ich möchte Ihnen für alles danken
> Es hat mir richtig Spaß gemacht
> Ich habe viel gelernt

38. Apology.
You have been very busy recently as your examinations are approaching. Drop a note to your pen-pal explaining why you have not written to him/her. Promise to write a long letter when the exams are over.

> Ich lerne für die Prüfungen
> Ich schreibe, sobald die Prüfungen vorbei sind

39. Wedding greetings.
Your pen-pal's sister is getting married. Send her a card wishing her well on the day and for the future.

> die Hochzeit
> Alles Gute für die Zukunft

40. Thank you.
While ill you receive a card and a small present from your pen-pal, with wishes for a speedy recovery. Write him/her a note thanking him/her. Say that you are almost completely recovered.

> Es geht mir viel besser
> Ich bin das Liegen leid

41. Get well soon.
Your pen-pal is in hospital. Send him/her a get well card and say that you hope he/she will be home soon.

> Gute Besserung
> Hoffentlich kannst du bald das Krankenhaus verlassen

42. A new baby.
Your pen-pal's sister has had a baby. Write her a card congratulating her on the happy event. Ask about the baby's name and request a photo of mother and daughter/son.

> Herzlichen Glückwunsch zum neuen Baby
> Es freut mich, dass alles gut gelaufen ist
> Wie soll das Baby heißen?

43. No dinner needed.
You decide to spend a day in town and eat out. Leave a note for your host family, stating where you have gone, that you will not need dinner and when you will be back.

> Ich esse in der Stadt zu Mittag

44. Gone out.
You have to buy some stamps, post some letters and then buy a new writing-pad. Leave a note, stating that you have gone to the post office and stationery shop.

> der Schreibwarenladen
> das Postamt
> der Schreibblock
> Um . . . . zu kaufen

191

45. A dental appointment.
The dentist's secretary rings to say that your pen-pal's mother can have an appointment at 4.30 p.m. She should ring the secretary when she comes in to confirm the appointment. Leave a note to that effect.

> der Termin
> den Termin bestätigen
> Die Sprechstundenhilfe anrufen

46. An invitation to dinner.
Your pen-pal's uncle rings to invite the family to dinner on Saturday evening. Leave a note for your pen-pal's parents with the details.

> Wir sind . . . eingeladen

47. Short note: You are staying with the Schönfelder family in Bremen. Write a message, saying:

> — you are going into town by bus
> — you are meeting your Irish friend at the town hall
> — you want to telephone home (Ireland)
> — you promise not to be late for dinner.

48. Postcard: A German family used to live next door to you in Ireland. They have just moved back to Germany. Write a postcard to the daughter of the family, Petra.

> — Ask her how she is.
> — Tell her what is happening in school.
> — Tell her what you did over the Easter holidays.
> — Send her your gretings.

49. Postcard: Your exchange partner, Andreas, has returned to Germany. Write a postcard to him.

> — Ask him were his parents at the airport.
> — Ask him what time did he arrive home at.
> — Tell him you found his watch in your guest-bedroom.
> — Tell him you will send it on to him.

50. Message: You are staying with the Bauer family in Frankfurt. Herr Bauer's mother phones from Bremen. Leave a message for Herr Bauer.

— Tell him that his mother phoned.
— She is arriving by train this evening at 7.25 p.m.
— Can Herr Bauer collect her at the train station?
— She has a lot of luggage.

51. Short note: It was your penpal's birthday last week and you forgot. Write a note to enclose with a small gift saying:

— happy birthday.
— sorry that the card is late.
— you hope he/she likes the gift.
— why you chose this gift.

52. Message: You are staying with the Kappelmeier family in Stuttgart. Having witnessed an accident, you arrive back to find none of the family at home. Leave a message saying:

— you have to go to the police.
— you have just seen an accident — twenty minutes ago.
— exactly where you were when the accident happened.
— you will be late for dinner.

54. Christmas card: You are sending a Christmas card to the language assistant who spent a year in your school in Ireland. Write him/her a short note: (You can use 'du'.)

— Ask how he/she is.
— Tell him/her what the weather is like.
— Say you found his/her classes interesting, and why.
— Wish him/her a Happy Christmas.

55. Postcard: You and two friends wish to spend a camping holiday in Würzburg this summer. Write a postcard to Campingplatz Waldblick ('your' name and address are given) and include the following points:

- Enquire if there is space for a tent from 3rd to 6th July.
- Ask if one can hire bikes at the campsite.
- Say there are three of you altogether.
- Ask if there is a food shop on the campsite.

56. Short note: While staying in Germany, you have to cancel an arrangement you had made with a friend. Write a short note to leave for him, saying:

- You cannot go to the cinema this evening.
- You are feeling unwell. (Say what is wrong).
- You are going to the pharmacy/doctor's surgery.
- Suggest another arrangement to meet.

57. Short note: While you are staying with the Braun family in Germany, Frau Braun's sister rings. Leave a note for Frau Braun before you go out, with the following message: (You can use 'du', 'deine . . .')

- Her sister Maria will come by tomorrow at around 4 p.m.
- She cannot stay long.
- She has to be in Munich at 7 p.m.
- She is collecting Karl from the airport.

58. Postcard: You received a birthday present in the post from your German penpal. Write him/her a postcard in response:

- Say thanks for the gift.
- Say you were surprised and delighted.
- Say why you like the present so much.
- Say you will write a long letter after the exams.

GRAMMAR

Regular Verbs: Revise the normal present tense endings of verbs.

Remove the brackets and insert the correct form of the verb:
1. Ich (kommen) aus Irland. — *komme*
2. Wo (wohnen) du? — *wohnst*
3. Mein Vater (arbeiten) in Limerick. — *arbeitet*
4. Meine Mutter (heißen) Claire. — *heißt*
5. Wir (trinken) viel Tee. — *trinken*
6. Wann (kommen) ihr nach Irland? — *kommt*
7. Meine Eltern (rauchen) nicht. — *rauchen*
8. Ich (hören) gern Musik. — *höre*
9. (Interessieren) du dich für Sport? — *Interessierst*
10. Meine Schwester (heiraten) bald. — *heiratet*
11. Mein Bruder (machen) eine Deutschlandtour. — *macht*
12. Wir (fliegen) nach Düsseldorf. — *fliegen*
13. Wie lange (bleiben) ihr in Irland? — *bleiben*
14. Meine Geschwister (gehen) noch zur Schule. — *gehen*
15. Ich (fragen) meine Eltern. — *frage*
16. (Malen) du gern? — *Malst*
17. Der Wecker (klingeln) um 8 Uhr. — *klingelt*
18. Wir (mieten) ein Haus an der See. — *mieten*
19. Wann (bekommen) ihr Ferien? — *bekommt*
20. Meine Freunde (sammeln) alle Briefmarken. — *sammeln*

Irregular Verbs: Revise the verbs whose stems change in the present tense.

Remove the brackets and insert the correct form of the verb:
1. Ich (sein) dreizehn Jahre alt. — *bin*
2. (Haben) du Geschwister? — *Hast*
3. Mein Bruder (werden) bald zwanzig. — *wird*
4. (Müssen) du eine Uniform tragen? — *Musst*

195

5. Ich (können) [kannst] im Juli nach Deutschland kommen.
6. (Wollen) [Willst] du mich besuchen?
7. Meine Schwester (fahren) [fährt] nächste Woche nach Deutschland.
8. Wir (sein) [sind] seit Samstag an der See.
9. (Lesen) [Liest] du gern?
10. Was (geben) [gibt] es in Hohenlimburg zu sehen?
11. (Sprechen) [Sprichst] du auch andere Sprachen?
12. Was (essen) [isst] du zum Frühstück?
13. Die Schule (gefallen) [fällt] mir nicht so gut.
14. Der Bus (halten) [hält] an der Haltestelle.
15. Wie alt (sein) [sind] deine Geschwister?
16. (Wissen) [Weißt] du etwas über Irland?
17. Dein Bruder (können) [kann] uns besuchen, wenn er in Irland ist.
18. Der Lehrer (lesen) [liest] deutsche Bücher.
19. Meine Mutter (helfen) [hilft] mir.
20. Was (nehmen) [nimmst] du mit?

Separable Verbs

Remove the brackets and make whatever changes are necessary:
1. Meine Eltern (abholen) [holen] dich. ab
2. Der Zug (ankommen) [kommt] um 7 Uhr. an
3. Ich (aufpassen) [passe] auf meine kleine Schwester. auf
4. Er (ausgeben) [gibt] viel Geld. [spend] aus
5. Wir (einsteigen) [steigen] in den Zug. ein
6. Das Auto (entgegenkommen) [kommt] uns. entgegen
7. Die Fabrik (herstellen) [stellt] Autos. her
8. Der Hund (hereinkommen) [kommt]. herein
9. Wir (ausgehen) [gehen] später. aus
10. Ich (vorbereiten) [bereite] die Party. vor
11. Er (vorstellen) [stellt] sich. vor
12. Du (zuhören) [hörst] mir nie. zu
13. Wann (zurückkommen) [kommt] dein Vater? zurück

14. Um wieviel Uhr (aufstehen) ihr? *steht auf*
15. Was (anziehen) du normalerweise? *ziehst an*
16. Wann (anfangen) die Schule? *fängt an*
17. Die Jacke (aussehen) wirklich gut. *sieht aus*
18. Ich (einladen) dich zu einer Party. *lade ein*
19. Meine Eltern (umziehen) in ein neues Haus. *ziehen um*
20. Ich (abschicken) das Päckchen morgen. *chicke ab*

Prepositions (1)

Fill in the blanks, using prepositions (von, an, auf, über etc.):
1. Hast du _____ das Buch gedacht?
2. Schönen Dank _____ die Karte.
3. Sie fuhren _____ die Stadt.
4. Ich freue mich _____ nächsten Sonntag.
5. Sie baten _____ Hilfe.
6. Irland besteht _____ zweiunddreißig Grafschaften.
7. Wir kommen _____ acht Uhr _____ Frankfurt an.
8. Ich muss _____ meine kleine Schwester aufpassen.
9. Ich interessiere mich _____ alle Arten von Sport.
10. Sie stiegen _____ den Bus ein.
11. Wir haben uns _____ das Geschenk gefreut.
12. Mein Vater sprach oft _____ dir.
13. Wir gingen _____ der Kirche vorbei.
14. Ich schreibe _____ meine Eltern.
15. Sie setzte sich _____ den Tisch.
16. Ich möchte dich _____ meinem Geburtstag einladen.
17. Wir müssen einen Aufsatz _____ Irland schreiben.
18. Wir sind _____ die See gefahren.
19. Ich gehe _____ die Post.
20. Dieses Jahr fahre ich _____ Ausland.

Prepositions (2)

Fill in the blanks, using prepositions (um, mit, in, zu etc.)
1. Mein Brieffreund kommt _____ Berlin.
2. Sie fahren _____ dem Auto.
3. Sie ging _____ 10 Uhr _____ Bett.
4. Meine Eltern sind nicht _____ Hause.
5. Wir haben zehn Stunden Unterricht _____ Tag.
6. _____ Morgen machten sie einen Spaziergang.
7. Wie heißt „stone" _____ Deutsch?
8. Wir fahren morgen _____ die Schweiz.
9. Weißt du, was _____ Radio kommt?
10. Ich bekomme erst _____ Herbst Ferien.
11. Ich komme _____ 21. März.
12. Wir treffen uns _____ 8 Uhr.
13. Er nickte _____ dem Kopf.
14. Fährst du _____ Berlin?
15. Mein Geburtstag ist _____ Juni.
16. Ich gehe um 8 Uhr _____ die Schule.
17. Gehst du _____ Fuß?
18. Wir bekommen zwei Wochen Ferien _____ Weihnachten.
19. Zwei Briefmarken _____ 80 Pfennig, bitte.
20. Sie hat Angst _____ Ratten.

Opposites (1)

Fill in the blanks.
1. Ich bin groß, du bist _klein_.
2. Er ist arm, sie ist _reich_.
3. Ich war glücklich, aber sie war _unglücklich_
4. „Der" ist männlich, „die" ist _weiblich_.
5. Er ist fleißig, aber sein Bruder ist _faul_.
6. Sie ist weder dick noch _beide_.
7. Die Zeitung ist alt, diese hier ist _neu_.

8. Lieber zu lang als zu _kurz_.
9. Der eine Tisch ist zu hoch, der andere ist zu _____.
10. Das Gegenteil von schwarz ist _weiß_.
11. Sie ist hübsch, aber die Schwester ist _häßlich_.
12. Unser Hund ist gut, aber euer Hund ist _unartig_.
13. Nicht so laut! Sei _leise_.
14. Diese Straße ist schmal, aber die Hauptstraße ist _breit_.
15. Schön mild heute! Nicht zu warm und nicht zu _kalt_.
16. Das Wohnzimmer ist hell, aber die Küche ist _dunkel_.
17. Wie isst du Eier am liebsten, hart oder _weich_?
18. Ich esse Eier sowohl roh als auch _gekocht_.
19. Der Bus ist billig, aber das Taxi ist _teuer_.
20. Hier ist der Boden nass, aber da vorn ist er _trocken_.

Opposites (2)

Fill in the blanks.
1. Regnet es viel oder _weniger_?
2. Ist er klug oder _dumm_?
3. Die Tasse war vorhin voll, jetzt ist sie _leer_.
4. Die Jacke ist sauber, aber die Hose ist _schmutzig_.
5. Findest du Deutsch leicht oder _hart_?
6. Er war krank, aber er ist wieder _gesund_.
7. Wie riecht das Parfüm? Gut oder _furchterlich_?
8. Das Kleid ist in der Mitte zu eng und oben zu _breit_.
9. Der erste Film war interessant, aber der zweite war _langweilig_.
10. Hast du die Antwort richtig oder _falsch_?
11. Schmeckt es süß oder _sauer_?
12. Wir haben vier Zimmer unten und drei Zimmer _oben_.
13. Ist der Garten hinten oder _fassade_? vorn
14. Drinnen ist es wärmer als _draußen_.
15. Er ging immer auf und _ab_.
16. Gehst du oft oder _manchmal_ ins Kino?
17. Ich gehe nach rechts. Geh du nach _links_.

18. Der Bus fährt nur morgens und _abends_ .
19. Lieber zu früh als zu _spät_ .
20. Fährt er schnell oder _langsam_ ?

Pairs

Complete the following pairs.
1. Ich kenne den Vater und die _Mutter_ .
2. Sie haben einen Sohn und eine _Tochter_ .
3. Er trägt die Jacke im Sommer und im _Winter_ .
4. Manche Leute wohnen auf dem Land, andere wohnen in der _Stadt_ .
5. Die Lehrer und die _Schüler_ hatten Spaß an dem Ausflug.
6. Das Licht brennt bei Tag und bei _Nacht_ .
7. Ich habe lieber Wärme als _Kälte_ .
8. Das Leben in der Stadt ist anders als das Leben auf dem _Land_ .
9. Sie hat zwei Schwestern und zwei _Brüder_ .
10. Heute besuchen uns Oma und _Opa_ .
11. Sie interessiert sich nur für Essen und _Trinken_ .
12. Am Horizont treffen sich Himmel und _Erde_ .
13. Ich habe ein Messer, aber keine _Gabel_ .
14. Am Morgen was es kühl, aber am _Abend_ war es mild.
15. Ich habe eine Tante und zwei _Onkel_ .
16. Ich habe viele Vettern und _Cousin_ .
17. Wo ist der Anfang, und wo ist das _Ende_ ?
18. Viele Eltern und ihre _Kinder_ waren an der See.
19. Er hat viele Neffen und _Nichten_ .
20. Das Telefon ist für Inlandsgespräche und _Auslandsgespräche_ .

Perfect tense (1)

Insert the correct form of „haben" or „sein".
1. Ich _bin_ nach München geflogen.
2. Wer _hat_ die Tür geschlossen?
3. Sie (singular) _ist_ zu Hause geblieben.

4. Er _ist_ in den Bus eingestiegen.
5. _Hast_ du den Aufsatz geschrieben?
6. Ihr _habt_ uns gut geholfen.
7. Was _hast_ du gefunden?
8. Das Schiff _ist_ gesunken.
9. Das Buch _hat_ hier gelegen.
10. Wir _sind_ vom Fahrrad gefallen.
11. Um wieviel Uhr _ist_ du eingeschlafen?
12. _Seid_ ihr zu Fuß gegangen?
13. Wer _hat_ dich angerufen?
14. Sie (plural) _sind_ gut angekommen.
15. Wir _haben_ zwei Stunden gestanden.
16. Wann _hat_ er gestorben?
17. Ich _habe_ mich schnell angezogen.
18. _Hat_ der Film dir gefallen?
19. _Hast_ du das Buch gelesen?
20. Ein Dieb _ist_ in der Nacht eingebrochen.

Perfect tense (2)

Insert the correct form of „haben" or „sein".

1. Was _____ passiert?
2. Wer _____ das Geschenk gebracht?
3. _____ ihr schon was gekauft?
4. Der Mann _____ einfach gelacht.
5. Wir _____ Fußball gespielt.
6. Er _____ nach Hause geeilt.
7. Der Hund _____ mir gefolgt.
8. _____ ihr die Tür geöffnet?
9. Seine Eltern _____ in die Schweiz gereist.
10. Ich _____ versucht, die Tür zu öffnen.
11. Wir _____ uns amüsiert.
12. Er _____ ausgerutscht (slipped).

13. _____ sie (singular) sich über das Geschenk gefreut?
14. Wie lange _____ ihr noch getanzt?
15. Mein Onkel _____ mir Geld geschickt.
16. _____ ihr die Nachrichten gehört?
17. _____ jemand an die Tür geklopft?
18. Er _____ auf die Straße gestürzt (rushed).
19. _____ ihr mich gesucht?
20. Der Regen _____ aufgehört (stopped).

Reflexive pronouns

Insert the correct form of the correct reflexive pronoun (mich, mir, dich, dir, sich, uns, euch, sich) in the spaces provided.

1. Wir haben _____ amüsiert.
2. Habt ihr _____ über das Geschenk gefreut?
3. Setz _____ hin!
4. Mein Bruder versteckt _____ .
5. Ich habe _____ beeilt.
6. Meine Eltern haben _____ erkältet.
7. Fühlen Sie _____ nicht wohl?
8. Darf ich _____ vorstellen?
9. Du kannst _____ nicht vorstellen (imagine), wie kalt es war!
10. Sie haben _____ ein neues Haus gekauft.
11. Wascht _____ die Haare!
12. Ich putze _____ die Zähne.
13. Wir haben _____ um einen Sommerjob beworben.
14. Was hast du _____ angezogen?
15. Meine Schwester und ich vertragen _____ gut.
16. Hast du _____ verlaufen (to lose one's way)?
17. Ich muss _____ noch die Haare kämmen.
18. Haben Sie _____ entschlossen?
19. Was haben Sie _____ gekauft?

Conjunctions

Fill in the blanks using conjunctions (ob, weil, wenn, etc.)
1. Es war 8 Uhr, _____ ich das Haus verließ.
2. Ich esse immer mein Frühstück, _____ ich zur Schule gehe.
3. Warte an der Haltestelle, _____ ich komme!
4. Er gab mir das Geld, _____ ich ihm was dafür kaufte.
5. Es war so dunkel, _____ wir gar nichts sehen konnten.
6. Er will wissen, _____ ich mit ihm ins Kino gehe.
7. Ich mache meine Hausaufgaben, _____ ich nach Hause komme.
8. _____ sie gegessen hatten, standen sie auf und wollten gehen.
9. Wir haben viel mehr Besuch, _____ wir hier wohnen.
10. Er rauchte, _____ er auf den Zug wartete.
11. Ich lese, _____ ich sonst nichts zu tun habe.
12. Es ist immer was los, _____ mein Bruder hier ist.
13. Er kann nichts kaufen, _____ er hat kein Geld.
14. Man arbeitet, _____ Geld zu verdienen.
15. Je mehr man verdient, _____ mehr kann man kaufen.
16. Es ist nicht nur hässlich, _____ auch teuer.
17. Entweder du machst es, _____ ich mache es selber.
18. Weder er _____ ich kennen den Mann.
19. Kannst du mir sagen, _____ der Zug abfährt?
20. _____ ich jung war, habe ich Angst vor Hunden gehabt.
21. Du bist größer, _____ ich gedacht hatte.
22. Der Kunde bestellte das Essen, _____ er kein Geld hatte.
23. Deutsch ist genau so schwierig, _____ ich mir vorgestellt habe.
24. Du kannst bleiben, _____ du willst.
25. Ich würde ein Auto kaufen, _____ ich das Geld hätte.

203

Modal Verbs (present tense)

Fill in the blanks, using the correct form of the correct modal verb. The modal verbs are in the box.

können	dürfen	sollen
müssen	wollen	mögen

1. Hier _____ man nicht rauchen.
2. _____ Sie mir bitte helfen?
3. Wer _____ ein Eis essen?
4. Um wieviel Uhr _____ ihr zu Hause sein?
5. Morgen _____ das Wetter schöner werden.
6. _____ wir ins Kino gehen?
7. Meine Schwester _____ gut singen.
8. Ihr _____ machen, was ihr wollt.
9. Meine Mutter hat gesagt, daß wir leise sein _____ .
10. Es _____ sein, daß er gar nicht kommt.
11. Wieviel Eintritt _____ man zahlen?
12. _____ ihr jetzt gehen oder länger bleiben?
13. Elke _____ ein Vanilleeis essen.
14. Ihr _____ hier nicht schwimmen! Es ist verboten.
15. Was _____ du noch machen?
16. Wann _____ ich Sie anrufen?
17. Du kannst das Buch haben, wenn du _____.
18. Was _____ Sie zum Mittagessen essen?
19. _____ Sie mir sagen, wie ich zum Bahnhof komme?
20. Ich nehme noch einen Keks, wenn ich _____ .

Modal Verbs (past tense)

Fill in the blanks, using the correct form of the correct modal verb. The modal verbs are in the box. Remember to use the imperfect tense.

können	wollen	müssen
dürfen	sollen	mögen

1. Ich _____ nicht kommen, weil ich kein Geld hatte.
2. Er wollte zum U2 Konzert, aber er _____ nicht hingehen.
3. Die Eltern _____ uns nicht glauben, dass der Bus Verspätung hatte.
4. Der Film _____ um 8 Uhr anfangen, aber er hat nicht.
5. Was _____ ihr machen, um den Preis zu gewinnen?
6. Was _____ Sie kaufen?
7. Warum _____ du nicht kommen?
8. Sie suchte im Wörterbuch nach, aber sie _____ das Wort nicht finden.
9. Meine Brüder freuten sich, dass sie ins Kino gehen _____.
10. Wir hatten kein Auto, also _____ wir zu Hause bleiben.
11. War das alles, was du _____?
12. Der Mann sagte, dass wir woanders spielen _____.
13. Als ich ihn sah, _____ ich einfach lachen.
14. _____ ihr helfen oder nicht?
15. Sie hatten kein Boot, also _____ sie nicht ans andere Ufer kommen.
16. Die Sonne _____ gerade untergehen.
17. Wir wussten nicht, was wir machen _____.
18. Deine Mutter rief an und sagte, dass du Brot mitbringen _____.
19. Als wir jung waren, _____ wir nicht so lange aufbleiben.
20. Wart ihr böse, dass ihr nicht ins Kino gehen _____?

Pronouns

Fill in the blanks, using pronouns (ich, mich, mir, du, dich, dir, er, ihn, ihm, sie, sie, ihr, es, es, ihm, wir, uns, uns, ihr, euch, euch, sie, sie, ihnen, Sie, Sie, Ihnen) in their correct form.

1. Ich bin hier. Suchst du _____?
2. Das ist mein Bruder. Kennst du _____?
3. Ihr geht spazieren? Wartet mal, ich gehe mit _____.
4. Meine Großeltern feiern ihre goldene Hochzeit. Ich schicke _____ eine Karte.
5. Hast du meine Schlüssel (plural!) gesehen? Ich habe _____ verloren.
6. Das ist mein Buch. Gib es _____.

7. Beeil dich doch! Dein Vater ruft _____.
8. Mein Bruder hat Geburtstag. Was soll ich _____ schenken?
9. Hier ist deine Tasche. Ich fand _____ hinter dem Sofa.
10. Suchst du dein Glas? Ich habe _____ schon gespült.
11. Du hast die Schlüssel. Ich habe sie _____ gegeben.
12. Deine Mutter war krank. Wie geht es _____ jetzt?
13. Wir haben ein Problem. Können Sie _____ bitte helfen?
14. Guten Tag, meine Herren. Was kann ich für _____ tun?
15. Macht schnell, ihr beiden, sonst fahre ich ohne _____.
16. Sie haben gewonnen, Herr Meier. Ich gratuliere _____.
17. Der Mann ist alt. Kannst du _____ bitte helfen?
18. Das Kind freute sich, als ich _____ die Bonbons gab.
19. Wir sind heute abend zu Hause. Rufen Sie _____ um 7 Uhr an.
20. Die Hausaufgaben waren schwierig. Ich konnte _____ nicht machen.